河北省社会科学基金项目

河北省幼儿入学准备城乡差异实证研究

丁坤

著

河北大学出版社

·保定·

出 版 人：刘相美
责任编辑：杨　洋
装帧设计：赵　谦
责任校对：李　易
责任印制：常　凯

图书在版编目（CIP）数据

河北省幼儿入学准备城乡差异实证研究 / 丁坤著
. -- 保定 ：河北大学出版社，2024.4
ISBN 978-7-5666-2331-7

Ⅰ．①河… Ⅱ．①丁… Ⅲ．①学前教育－教学研究－河北 Ⅳ．① G612

中国国家版本馆 CIP 数据核字 (2024) 第 085934 号

河北省幼儿入学准备城乡差异实证研究
HEBEISHENG YOUER RUXUE ZHUNBEI
CHENGXIANG CHAYI SHIZHENG YANJIU

出版发行：河北大学出版社
地址：河北省保定市七一东路2666号　邮编：071000
电话：0312-5073003　0312-5073029
网址：www.hbdxcbs.com
邮箱：hbdxcbs818@163.com
印　　刷：涿州市般润文化传播有限公司
幅面尺寸：170 mm × 240 mm
字　　数：195千字
印　　张：12.5
版　　次：2024年4月第1版
印　　次：2024年4月第1次印刷
书　　号：ISBN 978-7-5666-2331-7
定　　价：39.00 元

目　　录

第一章　概述

义务教育体制下，我国各地幼升小都是以生理年龄为划线依据，6 至 7 周岁被视为进入小学学习的法定年龄。因此，就会客观地存在一个过渡时期，我们称之为幼小衔接。从时间方面讲，它一般指的是幼儿园大班到小学 1 年级；从实施机构方面讲，它一般涉及幼儿园、小学以及部分专门的幼小衔接机构；从受教育者的角度讲，它主要包括大班幼儿和小学低年级学生；从教育者的角度讲，它主要包括幼儿园教师、小学教师和幼儿家长；从幼儿的准备及适应所需要的关键特征方面讲，它又可分为生理准备或适应、心理准备或适应、社会准备或适应和学习准备或适应多个方面。具体到某一个领域，它又可划分出很多细小的标准。由此可见，幼小衔接是一个复杂的教育现象，不能简单地将其视为某个群体，某个机构或某个领域的问题。

一、研究背景

“十三五”期间，我国学前教育事业取得了跨越式发展，普惠性幼儿园覆盖率接近 85%，“入园难、入学贵、入学远”的难题得到破解，越来越多的幼儿和家庭从中受益。社会的关注点从“幼有所育”逐步转向“幼有优育”，提供“优质、均衡发展”的“更好的幼儿教育”已是当下建设高质量学前教育体系的主旋律。科学推进幼小衔接既是构建高效、高质学前教育体系不可或缺的环节，也是保障幼儿终身持续发展的不二法门。然而，受到应试教育和“抢跑”大环境的影响，幼儿园—小学教育分离、衔接意识薄弱、知识准备过度、幼儿适应力低等问题长期存在，严重影响了幼儿的身心健康和持续发展。有鉴于此，2021 年印发了《教育部关于大力推进幼儿园与小学科学衔接的指导意见》(以下简称《指导意见》)，旨在从国家基础教育课程改革的层面统筹幼小衔接工作。《指导意见》制定了明确的工作推进时间表，要求各地在 2022 年秋季前全面推行入学准备和入学适应教育。因此，对我省城乡幼儿入学准备水平进行实证研究具有极强现实意义和应用价值。

二、研究的目的和意义

本研究以我省适龄幼儿入学准备水平作为研究对象，主要研究目的有 3 个。

（1）通过抽样调查对我省“城乡幼儿入学准备水平”现状展开研究，梳理“是什么”的问题。

（2）以布朗芬布伦纳（Bronfenbrenner）的教育生态系统观为理论框架，从儿童发展状况、家庭、教育机构、社区环境、政策等方面分析影响幼儿入学准备水平的因素，探究“为什么”的问题。

（3）结合国家《指导意见》的要求，从“科学幼儿衔接”的角度，提出提升幼儿入学准备能力的策略，解决“怎么做”的问题。

本研究对我省幼小衔接实际情况进行了抽样实证性考察，针对邢台市、承德市城乡多所幼儿园和小学的入学准备/适应教育进行了案例分析。首先，在幼儿园入学准备教育方面进行了 4 项实证研究，包括幼儿运动协调能力水平调研及教育实践、幼儿社会适应水平实证研究及教育实践、幼儿数学入学准备调研与教育实践、幼儿注意力提升的教育行动。其次，在小学入学适应教育方面，本研究主要是小学 1 年级学生入学适应水平的调研、小学教师幼小衔接胜任力水平调研及两所学校入学适应教育的案例分析。最后，在家园校共育方面，本研究进行了家长幼小衔接胜任力调研和家长、学校幼小衔接主题教育案例分析。本研究所展示的研究结果可以为我省进一步提升幼小衔接教育质量、制定相关政策提供实证性的参考。

本研究采用定量和定性相结合的研究方法，在充分调研的基础上，设计和论证了家长幼小衔接胜任力指标、教师幼小衔接胜任力指标，这两项基础性研究有助于丰富家庭教育和教师专业发展理论。

三、近年来幼小衔接教育研究回顾

（一）关于幼小衔接及相关概念的研究

幼小衔接的概念有狭义和广义之分。狭义的幼小衔接仅关注幼儿园的最后一年和小学第一年的教育活动。广义的幼小衔接从时间上讲包括幼儿园 3 年和小学 1、2 年级；从内容上不仅包括教育上的衔接，也关注儿童认知和情感的衔接。在我国，幼小衔接普遍指幼儿园与小学两个相邻教育阶段之间在教育上的互相连接，实质指的就是儿童连续的、不断发展的社会性、心理、身体发展上的衔接。① 但是不同研究者对幼小衔接的内涵的理解还存在一些细微的差别。比如，有学者强调幼小衔接主要是幼儿园与小学在教育教学工作上的衔接。② 也有学者认为“衔接”是一个教育生态过程，主要指教育阶段的相互沟通与联系。但每个教育阶段仍然具有独立性，幼小衔接是在整个教育体系连续性的前提下，在教育制度、教育目标、课程与教学、教学方法等多个方面形成的有机整体。有学者认为，幼小衔接就是幼儿园向小学阶段进行的有效过渡和衔接，既可以使幼儿教育得到平稳过渡，也可以让幼儿得到心理方面的有序过渡，从而使得其身体和心理多方面得到有效衔接。③

近年来，我国学者的研究也开始从宏观政策研究逐步转向中观的课程教学及微观的幼儿入学成熟度问题。《中华人民共和国学前教育法（草案）》（以下简称《学前教育法（草案）》）第三十三条（课程资源）要求，“幼儿园应当配备符合国家和地方有关标准的玩具、教具和幼儿图画书，不得使用教科书。在幼儿园推行使用的课程教学类资源应当依法进行审定，具体办法由国务院教育行政部门制定”，以及第三十五条（幼小衔接）要求“幼儿园与小学应当互相衔接配合，共同帮助儿童做好入学准备和入学适应”。国家已经从立法层面关注幼小衔接问题，并提出了总体方向和改革意见，幼儿园教育去“小学化”

---

① 张林玲．当代美国幼小衔接政策的研究［D］．上海：上海师范大学，2012.

② 秦振飙．幼小衔接课程的调查研究：广西幼儿园中幼小衔接课程的现状与构建［D］．桂林：广西师范大学，2005.

③ 李敏谊，刘丽伟．幼小衔接与家长参与：国外研究的新进展［J］．比较教育研究，2014(09)：83-88.

已经进入有法可依的阶段。如果说《学前教育法（草案）》只是提出了科学幼小衔接的工作任务的话，教育部 2021 年印发的《指导意见》则更有操作性。其中最明显的一点就是明确提出小学在“幼小衔接”中的具体任务，以解决幼儿园“一头热”的实际问题。《指导意见》坚持“以儿童发展为本”，揭示了学前教育与基础教育一体化的关系，明确了幼儿园和小学双向协同的实施主体，即幼儿园和小学是幼小衔接过程中的双主体，其双方相互联系、相互影响、相互促进，明确提出了要从为儿童准备好环境、关注个体差异、设置入学适应期和坚持深化改革 4 个方面着手，开展小学生入学适应工作。①

（二）关于“入学准备”“入学适应”的相关研究

与幼小衔接相关的另一个重要概念是入学准备。入学准备在国外被称为 school readiness，指学前儿童从即将开始的正规教育中受益所需要具备的关键特征或基本条件。如前文所述，幼小衔接的关注点更多地聚焦在机构衔接上，较为宏观，对这一阶段的教育主体儿童的关注度相对较少。随着相关研究从制度保障、条件保障转移到更微观的层面时，“儿童中心”或“儿童立场”下的入学准备问题便成为重要议题。20 世纪末，美国在这方面做了大量实证研究，研究结果表明，大约 16%至 35%的适龄学前儿童在入小学前并未达到必要的准备状态。这种起点上的差距使这一群体比其他人更可能发生入学不适应的问题。② 有学者提出，入学准备是国内外发展心理学研究的热点问题之一，内容包括了解儿童学校适应后果的早期预测因素、建立学前儿童入学准备状态的测评体系、及早发现入学准备状态不足的儿童并采取相应干预措施、对不同干预途径的效果进行比较和评价等。③

盖笑松是国内较早对入学准备展开系统研究的学者，他的研究主要涉及 6 个方面，包括国外入学准备研究的理论背景、中国儿童入学准备的本土化研究、中国儿童入学准备测评系列工具的开发、特殊群体儿童的入学准备、家庭

---

① 窦桂梅．强化小学衔接主体意识，科学做好儿童入学适应[EB/OL].［2023-07-28］. http://jyj.qz.gov.cn/art/2021/4/12/art_1229200024_2268230.html.

② RIMM-KAUFMAN S E,PIANTA R C,COX M J. Teachers' judgments of problems in the transition to kindergarten[J]. Early Childhood Research Quarterly,2000,15(2):147-166.

③ 盖笑松．儿童入学准备研究与实践［M］．长春：吉林教育出版社，2008：3.

环境对儿童入学准备的影响、提高儿童入学准备水平的实践探索。他的研究将国外崭新的研究视角体系化地引入国内，为国内学者从心理学角度研究儿童入学准备问题提供了新视角、新方法。盖笑松认为，儿童能否入学或是否适应小学生活取决于儿童是否具备某些关键特征或基础条件，他认为“入学准备状态”指的是“儿童为了能够从即将开始的正规学校教育中受益所需要准备的各种关键特征或基础条件”，不具备这些条件的儿童被称作“入学准备状态不足的儿童”。

“入学适应”则是指儿童入学后在学业、情感和社会行为各方面的发展状态。随着《指导意见》的出台，国内有关儿童“入学准备”和“入学适应”的研究不断增多，研究主题也日渐丰富，研究对象从“幼儿”“小学生”扩展为幼儿园教师的入学准备教育观念和能力，小学教师的入学适应教育观念和能力，家长入学准备教育观念和胜任力，家园校共育、协同教研等多个领域。

目前，此方面的研究一是关于幼儿入学准备水平的调查研究。为了更好地促进幼儿发展，设计更有针对性的入学准备教育，缩小教育差距，各国学者极为关注“入学准备水平”的调查研究（Duncan，2007；张莉，2019；Bay，2020 等）。外国学者比较关注家庭经济社会背景、教师理念、教学环境、新式教育技术对幼儿入学准备的影响，少数族裔幼儿的入学准备情况等，我国学者比较关注各领域入学准备情况（如语言、思维、社会性、学习品质等方面）、留守儿童等特殊群体、城乡差异、均衡发展等。在实施研究的过程中，学者们研发了种类繁多且较为成熟的测量工具（ECLS-K 学习品质量表 1990、LTLS 学会学习量表 2008、儿童入学成熟水平诊断量表 2016 等）。以上成果不仅有助于本研究了解国内外幼儿入学准备的整体情况，而且有助于提高本次调查研究的科学性。

二是关于幼儿入学准备水平提升策略方面的研究。文献分析显示，包括我国在内的很多国家已经充分认识入学准备对学前儿童学习及终身发展的意义，并提出了一系列的指导意见或改革措施。如《指导意见》提出，我国将通过改革 1 年级教育教学方式，在国家课程中主要采取游戏化、生活化、综合化的方式，实现入学准备和入学适宜的衔接；美国针对准备不足的儿童实施补救性干预项目（Daily，2011）；挪威、芬兰、奥地利等国家则设置综合性的衔接课程框架（宋占美，2014；刘柃采，2019）等。这些宏观的入学准备政策研究有助于本研究以更宏大的视角审视儿童发展的连续性、教师支持、政府组织与管理、幼小衔接课程构建等在提高幼儿入学准备水平和缩小城乡差异方面的作用和局限。此外，还有大量微观层面的策略研究，如各领域入学准备水平提升策略、家园合作策略、双向衔接策略等，在“怎么做”和“做什么”上本研究做出了有益探索。

（三）关于幼小衔接理论基础的相关研究

从理论上来看，对幼小衔接指导价值较大的理论主要有皮亚杰的发展阶段理论、布朗芬布伦纳的教育生态系统理论、利益相关者理论、复杂性理论、哈克幼小断层理论等。崔淑婧等认为近 20 年国外幼小衔接研究的视角发生了明显的变迁，研究经历了从儿童发展或成熟理论到生态学及社会文化理论再到本体论视角的变迁，“幼小衔接”由此被依次理解为一次性事件、一个过程、一种延续性实践。[①] 黄瑾等学者进一步论证了社会文化理论在深入研究幼小衔接问题上的优势，提出幼小衔接是一个复杂的系统，是多方协同参与、相互协调的过程，更强调幼小衔接是一个动态的过程，儿童发展是其在社会文化活动中的参与性转变。这种理论框架的适宜性决定了在考察幼小衔接这一问题时，可从研究视角的推进、研究内容的转向、研究方法的拓展等进行理论视域的转换：从利益相关者的成人视角推向诠释主体感受的儿童视角、从重视儿童的入学准备到关注幼小衔接中的多主体参与、从关注儿童发展的跟踪测查扩展到基于社会文化的质性分析。[②]

研究视角的转变带来了更多样的研究，从儿童视角探讨幼小衔接教育的成果不断增加。如张政偲以儿童视角作为理论基础，采用追踪研究的思路，对广州市一所民办幼儿园大班共 29 名儿童展开研究，运用马赛克方法收集参与者对幼小衔接的看法，并使用扎根理论进行编码分析，将幼儿这一幼小衔接教育主体的所思、所想、所为呈现出来，对家校社协同推进幼小衔接提供了崭新的

---

① 崔淑婧，田兴江．近 20 年国外幼小衔接研究的视角变迁与实证进展［J］．学前教育研究，2022（05）：28-43.

② 黄瑾，田方．论幼小衔接研究理论视域的转换：从生态系统理论到社会文化理论的研究展望［J］．中国教育学刊，2022（04）：7-12，84.

依据。①

无论从教育生态理论角度考察，还是从社会文化理论角度切入，都需要对幼小衔接的多方参与者进行研究，共生理论在这个问题上展现了新思路。当前幼小衔接的主体包括以幼儿园为主体，以幼儿园和小学合作为主体，以家庭、社区与幼儿园和小学的合作为主体3个方面，涉及幼儿、家长、幼小教师等多方教育参与者，家园合作、幼小协同成为提高幼小衔接教育质量的重要途径。共生理论认为，共生是自然界及人类社会普遍存在的一种现象，其本质是相互依存、相互发展，互惠共生是人类社会和自然界实现共生发展的必然趋势。共生事物或组织注重共生体的相互依赖性，强调双方从彼此获得新的发展能力，具有共赢、共振性，处于共生状态的系统通常处于“系统功能最优化、成本最小化、效益最大化的动态与持续的状态”。共生系统的3个要素是共生单元、共生模式、共生环境，基于共生理论分析家园合作能够更细致地分析幼儿园和家庭之间的共生关系，以及由此生发的共生界面和共生机制，发现二者在物质、信息或能量间存在的联系以及共生度如何逐渐提高的方法。②可以说，近年来由于理论视角的丰富，关于幼小衔接的研究也越来越多样，为研究儿童从幼儿园向小学过渡提供了诸多理论解释思路与行动方向。

四、研究方法、内容和思路

（一）研究方法

1. 文献法

笔者系统研读了近年来有关“入学准备”和“幼小衔接”的国家政策，深入领会现阶段国家在入学准备方面的新理念和新要求，有效避免了误读和简单化理解；其次，梳理了“入学准备”相关的理论及评估工具，提高了研究的科学性；第三，分析国内外有关幼儿入学准备的调查研究，对幼小衔接现象和规律形成了初步整体性了解。

---

① 张政偲．儿童视角下的幼小衔接：基于马赛克研究方法［D］．广州：广州大学，2023.

② 雷文丽．共生理论视域下幼小衔接的家园合作研究：以T市S幼儿园为例［D］．贵阳：贵州师范大学，2023.

2. 测量法

本次研究主要使用钱志亮编制的儿童入学成熟水平诊断量表对幼儿的身心准备、生活准备、社会准备、学习准备中的某些关键能力进行测量。该量表共有 8 个维度，包括视知觉能力、听知觉能力、运动与协调能力、知觉转换能力、数学准备、情绪与社会性、学习品质、言语与语言，该量表共 59 题，具有良好的信度和效度，内部一致性系数为 0.857，分半信度为 0.862，各个因素与总分之间的相关均在 0.501 至 0.799 之间①，能够全面覆盖《幼儿园入学准备教育指导要点》和《小学入学适应教育指导要点》所要求的关键能力。针对幼儿园的测量活动都于大班秋季学期实施，严格按照上述量表对样本幼教机构适龄幼儿的入学准备状态进行测量。测量前将对主试进行培训，数据收回整理后使用统计软件进行分析。

3. 调查法

为了解幼小教育机构入学准备/适应教育情况，本次研究通过自制问卷对教师和家长进行调查，调查涉及教师素养、环境设置、课程与教学情况、家园互动 4 方面；研究使用英国剑桥大学家庭教育研究中心编制的入学准备之早期技能与支持指标评估简表②对样本园所教师和家长进行问卷调查，从教师和家长的角度对幼儿入学准备度进行判断，与测量法所得结果进行对照；采用随机抽样的方式，对教师、家长、园所管理者、教育行政人员等进行结构性访谈，针对性地发现一些特殊问题或经验。

（二）研究内容

第一，从理论层面厘清“入学准备”的概念，辨明幼儿入学准备与幼小衔接的异同，打破将“入学准备”简单等同于认知准备或习惯准备的惯有思维，从教育生态系统观出发，从家庭、教育机构、社会等更具关联意义的视角，对入学准备城乡差异展开分析。

第二，以我省 2020 年城市经济发展水平为依据，从石家庄、邢台和承德

---

① 钱志亮，丁攀攀．儿童入学成熟水平诊断量表的研制［J］．学前教育研究，2010（02）：41-45，51.

② 王菠，王萍．学前儿童入学准备的评估工具研究：基于英国剑桥大学入学准备之早期技能与支持评估简表的分析［J］．外国中小学教育，2017（06）：26-31.

的城乡选取共计 10 所幼儿园/幼教机构、小学，对适龄幼儿的入学准备和入学适应现状进行调查和分析，以期了解地区差异和城乡差异。从“去小学化”的角度出发，结合幼儿入学准备差异的现状，提出综合提升策略。

本研究的重点在于以布朗芬布伦纳的教育生态系统观为指导，全面了解我省幼儿入学准备地域差异及城乡差异现状；研究难点在于鉴别差异形成的因素；研究目的是围绕幼儿入学所需关键素质，提出缩小地域/城乡差异的针对性建议。

（三）研究思路

本研究的研究思路如图 1-1。

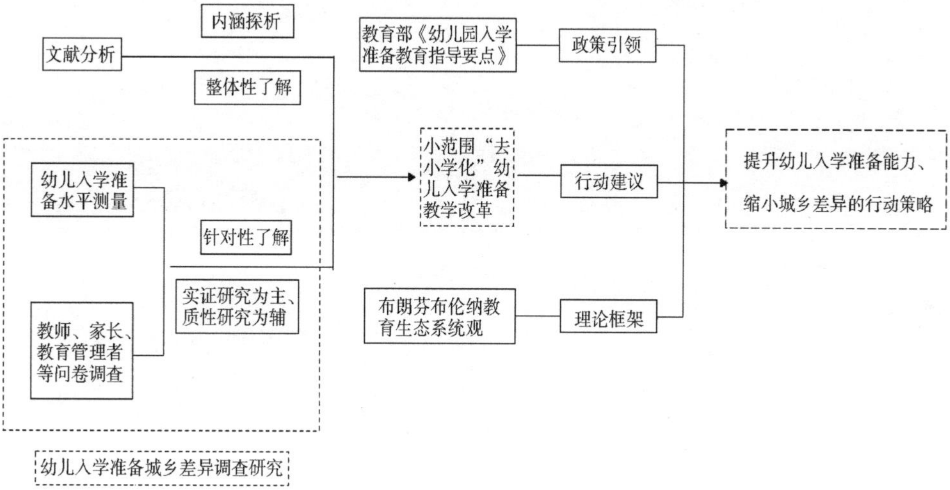

图 1-1　研究思路

五、本研究的创新之处

本次研究的创新之处主要体现在两点。

（1）研究视角的创新。文献整理显示，近年我国有关幼儿入学准备的研究主要集中于微观领域（幼儿某方面的成熟度/教师理念/家长理念等），既缺少对幼儿入学准备水平的全面整合性研究，也缺少区域/城乡比较研究。本研究以教育部《指导意见》的出台为契机，从城乡差异的视角全面探究我省幼儿入学准备水平，探讨“去小学化”的入学准备教育模式，希冀为政府制订有效科学衔接实施方案提供实证支撑。

（2）研究设计的创新。本次研究设计了“小范围‘去小学化’幼儿入学准备教学改革”行动环节，在不同经济发展水平的两所幼儿园同时进行，进一步验证行动策略的效果，提高研究的实践价值。

第二章　幼小衔接的理论基础

幼小衔接是一个复杂的教育现象，在实际教育教学过程中形成了一个多方协同参与、动态连续的系统。科学幼小衔接必须正确处理好包括幼儿、幼儿园、小学、家庭、社区、政府等参与主体之间的关系，统筹协调各利益相关方的需求。幼小衔接是一种教育实践，其有效开展离不开理论指导。不同的理论反映不同的观察视角和分析现象的价值取向。梳理相关研究成果发现，与幼小衔接相关的理论主要分为 3 类：第一类是心理发展理论，以皮亚杰、埃里克森、科尔伯格为代表，在某种程度上提供了判断儿童成熟度的尺度；第二类是人类发展生态学理论，以布朗芬布伦纳为代表，讨论个体与其所处环境之间的相互作用，为幼小衔接研究提供了一个多层级系统研究视角；第三类理论关注微观层面，如哈克断层理论、利益相关方理论、儿童立场、共生理论等，为研究幼小衔接具体问题提供了切入点。随着各界对幼小衔接现象的认识不断全面，人们愈发感觉到任何现有相关的理论都无法独立解释幼小衔接问题或指导教育实践。正是由于幼小衔接不仅存在时间上的纵向连续（幼儿的成长、学段的接续等），而且存在教育环境、利益相关者等横向连续，我们需要综合使用多种理论观察和解决问题。

第一节　幼儿发展阶段理论

一、皮亚杰认知发展阶段理论

心理学家最早注意到儿童过渡期问题，并提出了很多有影响力的理论，其中最具影响力的是皮亚杰的认知发展阶段论。皮亚杰是瑞士心理学家，儿童心理学、发生认识论的开创者，被誉为心理学史上除了弗洛伊德以外的一位“巨人”。通过对儿童认知发展的研究，皮亚杰提出了很多有益于科学开展幼小衔接的理论。

首先，他将儿童认知发展进行了阶段性的划分，正是这种划分为幼儿园、小学不应同质发展提供了最基本的理论依据。皮亚杰将认知发展阶段论建立在生物学的基础上是对人心理成熟规律的尊重。同时，皮亚杰既反对先天论又反对学习被动论，坚持认为心理的发展与成熟是主体与客体相互作用的结果。生理年龄不等于心理成熟度，同时心理成熟度不仅取决于个体，而且取决于儿童的经验及其与外界的互动。目前，各国小学入学年龄一般集中在 5 至 8 岁，不会过早也不会过晚，就是对这种心理认知规律的认同与尊重。

其次，他提出儿童的发展存在一种固定的和连续性的顺序，并呈现出逐步递进的趋势，任何一个发展阶段都是不可逾越的，或者说是儿童成长的“必经之路”。处于幼小衔接的儿童基本处于前运算阶段（五六岁，又称前逻辑阶段）至具体运算阶段（六七岁至十一二岁）的时期。尽管从生理年龄上来说只是一两岁的差别，但心理特征却有极大的差别，前运算阶段的幼儿多数存在无法完成跟踪转换、不能进行可逆运算、不能充分理解抽象事物、注意力时间短等发展性问题。这也是幼儿园“小学化”对幼儿造成消极影响的客观因素。尽管心理成熟度有限，但皮亚杰肯定幼儿是能够连续发展的个体，因此并不否认教育的作用。

再次，皮亚杰从结构主义的角度指出儿童的发展具有 3 个特性：整体性、转换性和自身调整性。幼儿的发展是整体性的，是各要素的联系，是不可分割的整体，换言之，科学的幼小衔接教育应当是德智体美劳全面发展的，单单关注“智育”不符合幼儿发展规律；幼儿的发展是动态的、可转换的，换言之，幼儿的成长建立在对环境的同化、顺应及平衡之上，这就要求教育者提供足够丰富的刺激，帮助幼儿获得足够多的经验，建构自己的认知体系，为小学的分科教学做好准备。

二、埃里克森人格发展阶段理论

埃里克·埃里克森是德裔美籍精神病学家，著名的发展心理学家和精神分析学家，也是新精神分析学派的代表人物。他在《童年与社会》一书中提出人格的社会心理发展理论，并将人格发展划分为8个阶段，即婴儿期（0至18个月）、儿童早期（18个月至3岁）、学前或游戏期（3至6岁）、学龄期（6至12岁）、青年期（12至18岁）、成年早期（18至24岁）、成年中期（24至50岁）、成年晚期（50岁以后）。埃里克森指出每个阶段都有特殊的社会心理任务，每个阶段都有一个冲突（或危机）需要解决，而人格健康发展的前提便是冲突（或危机）的顺利解决。处于幼小衔接阶段的儿童恰好处于学前期与学龄期的交界点，因此会同时面临两个阶段的心理发展任务与冲突。

表2-1　人格发展阶段理论下学前期与学龄期的任务与冲突

阶段	年龄	冲突	人格发展任务	发展障碍者的心理特征
学前期	3—6岁	主动对内疚	培养主动感，克服内疚感	畏惧退缩，缺少自我价值感
学龄期	6—12岁	勤奋对自卑	培养勤奋感，克服自卑感	缺乏生活基本能力，充满失败感

人格发展阶段理论对教育者正确认识儿童、正确安排幼小衔接教育有很强的启发意义。根据埃里克森的理论，对学前期幼儿来说，最重要的任务是克服主动与内疚的冲突，通过体验成功（目的的实现）建立起自我价值感。父母或教师应当耐心听取并认真回答儿童的问题，鼓励和尊重儿童的建议，这样儿童的主动性就会提高，培养出积极的自我认同感。相反，如果儿童在这一时期频繁失败，或接受来自他人（尤其父母或成人）的嘲笑、漠视，儿童就可能形成退缩、压抑与被动内疚的人格，进而影响儿童未来的表现。从这个角度看，在以小学标准为要求的幼小衔接中，被迫提前接受超过理解能力的知识、被迫忍受紧张的学习氛围将增加幼儿的不适应和挫败感，是一味追求“让儿童准备”的错误方式。对学龄期的儿童来说，通过勤奋体验自己的能力是最重要的任务，如埃里克森所言，能力是不会被儿童自卑感削弱的，完成任务所需要的是自由操作的熟练技能和智慧。所以，对小学1、2年级的学生而言，养成良好的学习习惯比学习知识更重要，勤奋努力，不断取得学业上的成就，就能够在自我付出与成就获得之间建立正向反馈。从这个意义上讲，小学“零起点”非常有必要。我国《小学入学适应教育指导要点》的“学习适应”一则突出了“乐学好问、学习习惯、

学习兴趣和学习能力”，义务教育课程方案和课程标准（2022 年版）也对 1 年级教学难度做了明确限制，这些举措正是对儿童人格发展规律的尊重。

三、科尔伯格道德发展阶段论

劳伦斯・科尔伯格是美国儿童发展心理学家，他继承并发展了皮亚杰的道德发展理论，着重研究儿童道德认知的发展，提出了“三水平、六阶段品德”的“道德发展阶段”理论，在国际心理学界、教育界引起了很大反响。幼小衔接阶段是人生第一个重要的转折阶段，儿童将遇到各种各样的挑战。此时，良好的品格将发挥压舱石的作用。按科尔伯格道德发展阶段理论的划分，6 岁左右的幼儿正处于道德的前习俗水平，对什么是“好”的行为并未形成稳定的认知，因此幼儿道德发展水平的特点一方面影响着幼小衔接阶段道德教育的内容选择与教学方式，一方面也会影响教师的班级管理风格和家庭德育的方式。

表 2-2　科尔伯格“三水平六阶段品德”发展理论

发展水平	发展阶段	阶段特点	“好”行为的标准
前习俗水平（0—9 岁）	第一阶段：惩罚和服从的道德定向阶段	是非标准由惩罚决定，没有明确的是非观念	避免惩罚，无条件服从权威（看行为后果）
	第二阶段：朴素的享乐主义或功利主义的定向阶段	是非标准由是否符合自己的利益决定	满足自己需要，有时可以满足别人的需要（看自我得失）
习俗水平（9—15 岁）	第三阶段：人际和谐的定向阶段，又称为“好孩子”定向阶段	是非标准由是否符合大众的期望决定	能够得到别人赞许的行为（看他人）
	第四阶段：权威和维持社会现有秩序的定向阶段	是非标准由是否维护秩序和权威决定	尊重权威，维护社会秩序（看社会）
后习俗水平（15 岁以后）	第五阶段：社会契约和法律的定向阶段	认为规则可变，是非判断标准超越了法制观念	既尊重法律，也认为法律是可以改变的（看公众利益）
	第六阶段：以普遍的道德原则和良心的定向阶段	是非标准由内在的价值观念决定，行为自律，不受法律约束	根据良心做出的行为（看良心）

从品格教育重点上讲，要注重情感教育，通过案例引导幼儿理解互助合作的意义，懂得关爱他人；在校、在园要培养幼儿的社交能力，教会幼儿如何与他人沟通，学会处理人际冲突和面对挫折；在家，父母可以通过营造互相尊重、理解、支持的家庭环境培养孩子诚信、包容、友善等品格，帮助孩子减少负面情绪，保持内心稳定和心理健康。

以上 3 种理论从心理学研究的不同角度展示了幼小衔接阶段儿童的认知发展、人格发展和社会性发展的规律，为教育者设计、实施科学的幼小衔接教育教学提供了理论依据与行动方向，促进了幼儿心理发展、社会性发展由低级到高级、由量变到质变的连续发展。当幼儿园大班幼儿转变为 1 年级小学生时，他们仍然被允许自然地发展，在保留具体形象思维的同时，渐渐发展抽象思维能力，实现对小学生活的充分适应。

第二节　幼小衔接断层理论

从幼儿园到小学是人生的一次重要转折，过渡平稳将对儿童长远发展起到积极作用；如果过渡不顺畅，儿童过早体会到学业压力和精神焦虑，日后其身心发展及学习会受到消极影响。如前所述，幼小衔接需要尊重幼儿身心发展规律，需要综合考虑教育生态圈各要素的影响。大量研究显示，部分 1 年级新生因为各种原因，无法适应小学的学习和生活节奏，出现逐渐丧失学习兴趣最终成为学困生的问题。① 根据小学教师的报告，1 年级新生多数存在注意力不太集中、学习态度不太端正、自理能力较差的问题。② 一项针对 296 名小学 1 年级新生家长的问卷调查结果显示，1 年级新生入学适应总体情况中等偏上，适应性从高到低依次为自理能力、独立性与毅力、学习态度、生活习惯、社会

---

① 王向红．小学一年级学生入学适应的个案研究：以潍坊市奎文区 A 小学为例 [D]．烟台：鲁东大学，2014.

② 孟萍．幼小衔接背景下小学一年级学生学习适应性的调查研究：以天津市三所小学为例 [D]．天津：天津师范大学，2013.

化、学习环境、自我管理、交往。[①] 幼儿作为幼小衔接的主体，面临诸多挑战，德国哈克教授提出幼小衔接断层理论，他认为从幼儿园到小学不仅是学习环境发生了改变，而且关系人、行为规范、社会关系等多方面都发生了变化。具体表现为如下 6 方面。

第一，关系人的断层。幼儿进入小学后，与原来幼儿园老师之间出现了断层，离开了熟悉的“母亲般”的教师，去接受以知识传授为主的小学各科老师。关系人的变化带来心理氛围的变化，儿童从轻松的氛围步入以“规则”“教导”为主的紧张氛围中，会产生压力和忐忑不安。

第二，学习方式的断层。幼儿园的教学内容主要涵盖五大领域，学习贯穿于一日生活，且以游戏为主，自由性较强。幼儿通过自由游戏、探索学习和发现学习等方式来提升学习效果。除了集中的教育时间，幼儿的大部分时间都可以自由地游戏或者完成一些指定的任务。然而，到了小学学习生活变得相对固定，有着统一的教学安排和上下课时间。游戏和自由活动的时间大大减少，只有在课间休息和体育课时，学生才能得到一些运动和放松的机会。

第三，行为规范的断层。相较于小学，幼儿更熟悉幼儿园的环境和行为规范。虽然幼儿园强调了对幼儿常规的培养，但由于幼儿园和小学的作息制度和行为规范不一致，幼儿可能会产生各种不适应。相比之下，小学阶段更加注重时间观念、规则意识和理性意识等，例如要求学生不得迟到、早退，不能随意请假，课上学生不能随意走动等。这些要求对于刚从幼儿园升入小学的学生来说可能会让他们感到有些不适应，需要他们逐渐适应和调整自己的行为习惯。这些新规则是幼儿恐惧上小学的一个重要因素。

第四，社会关系的断层。社会关系是人们在共同的物质和精神活动过程中所结成的相互关系的总称，即人与人之间的一切关系。幼儿升入小学后往往意味着离开幼儿园熟识的玩伴，重新建立新的人际关系，在新的集体里面找到自己的位置，得到同学的认可和帮助，寻找归属感。这种断层对于一些社交能力较弱或性格内向的儿童而言，将带来极大的挑战与不便。

---

① 李琳琳．小幼衔接视角下学生入学适应的现状及策略研究：以 S 市为例［D］．石河子：石河子大学，2023.

第五，期望水平的断层。幼儿园与小学在教育目的上不同，幼儿园阶段侧重“玩”，对系统学习知识没有要求，仅要求幼儿在活动中积累更多的直接经验，不需要写写算算的课外作业，最多就是一些手工、绘画、观察类的作业，家长和教师对幼儿基本都没有学业成就的期待。但是进入小学后，家长和老师都会对他们给予更高的期望。一项对学前班和小学 1 年级新生的调研显示，儿童认为自己难以适应父母对自己学习成绩的高要求，有儿童说很害怕上小学，理由是上小学之后父母就不让他们玩了，每天都得写作业，作业太多，不能看电视，写不对会挨骂等等。可见成年人期待的变化也会给幼儿带来压力。

第六，学习环境的断层。幼儿园和小学的环境有着非常明显的差异，如果从马斯洛需求层次理论来讲，离开熟悉的环境会使人产生不安全感，进而导致焦虑。环境的变化会破坏儿童的安全需要，不仅如此，小学的环境对幼儿也缺乏吸引力。在幼儿园里，游戏种类繁多，教室里也摆满了各种玩具，区角的设置、桌椅的摆放以及环境的布置都能让幼儿感到舒适。但是小学没有玩具，自由活动的空间和时间都相对减少，这种变化可能会给刚升入小学的学生带来一定的适应困难，他们需要逐渐调整自己的学习和生活方式。

幼小衔接断层理论从适应性的角度分析了升入小学可能给幼儿带来的巨大变化与困扰。尽管《指导意见》明确提出要幼小双向衔接，但长期遗留的“小学化”问题使小学和幼儿园在教育衔接上并没有真正做到“为幼儿做准备”。那么幼儿需要什么样的幼小机构？这些机构需要做什么准备？为什么需要做这些准备？怎样准备？

针对断层理论，国内外开展了比较有效的教育行动。比如，针对关系人的断层，日本设计实施了“幼小一贯教育学校”计划，加强幼儿园和小学的深度交流和合作。两个学段的教师可以定期到对方的校园开展教研或其他互动，在教师交流的过程中，幼儿逐渐熟悉小学段教师，并在入学后能够和幼儿园老师保持一定的联系。针对学习方式的断层，日本要求低年级课程以领域活动为主，不进行分科教学；芬兰则以培养学生跨学科素养为目标做了幼小课程的贯通，小学课程是幼儿园教学内容的延伸，并在低年级采用自主探索的方法。我国 2022 年义务教育课程标准对 1 至 2 年级的课业难度进行了限制，建议采用游戏或活动的方式，禁止 1 年级留书面作业、2 年级之前考试等，在减负的同时，帮助儿童更好地适应小学生活。针对学习环境的断层，很多国家都采取了学前班的形式，如芬兰要求幼小衔接机构建在幼儿园或小学，最大程度地为幼儿提供熟悉的环境。针对社会关系的断层，法国和芬兰等国都采用了幼小混龄的方式，以芬兰为例，幼儿每周都有机会到 1、2 年级的班上学习，1、2 年级的学生也有固定的时间到幼儿园活动。针对期望水平的断层，经济合作与发展组织（Organization for Economic Co-operation and Development，OECD）很多成员国都加大了科学教育理念的宣传，如向经济社会处境不利的家庭发放资料或进行培训；再如我国，自 2011 年至今，已经 3 次将“全国学前教育月”的宣传主题定为幼小衔接，向社会宣传“去小学化”“减负”“科学入学准备”和“入学适应”的理念，传播相关知识和全面发展育人观，对家长和教师的行为形成导向作用。总之，幼小衔接断层理论为我们提供了清晰的观测指标，为教育者判断幼儿是否出现了适应困难、哪方面出现了困难并采取针对性的改善措施提供了依据。

第三节　教育生态学理论

不论心理发展理论还是断层理论，都是从儿童个体的角度讨论儿童入学准备或入学适应问题。但是如前文所述，幼小衔接不是一个孤立的教育现象。高质量的幼小衔接不仅有赖于儿童自身的成熟度与适应度，还应当包括诸如家庭、教师、教育机构、国家政策等方面的准备。换言之，科学有效的衔接不仅应当衡量教育过程质量，也应当衡量环境与机构准备质量。显然，为了满足这种观察、研究与实践取向上的转变，我们需要引入新的理论视角——教育生态学。早在 20 世纪七八十年代，国外就兴起了生态学研究倾向，即在自然环境和具体的社会文化背景下探讨影响儿童入学准备的各种环境因素。① 教育生态系统理论为我们分析幼小衔接中儿童与其所处环境（包括人际环境、物质环境、制度环境等）各层级之间的关系提供了明确的切入点。近年来，国外使用该理论开展的研究逐渐增多。如 Emig（2001）通过调查研究提出，幼小衔接

---

① 盖笑松．儿童入学准备研究与实践［M］．长春：吉林教育出版社，2007：20.

阶段的教育工作要重视幼儿园与小学教育的连续性，充分发掘和整合家庭、社区教育资源。[①] Dunlop（2003）借鉴布朗芬布伦纳的生态学观点，提出幼小衔接中的儿童发展的生态环境是由 4 个相互镶嵌在一起的动态系统组成。[②] Kainz（2007）等针对上千名 3 至 9 岁经济社会条件不利家庭的儿童的阅读发展能力的研究显示，这些儿童受到其家庭、在校学习及生活模式的多层次的生态环境的影响。[③] 近年来，国内相关研究也不断增加，比如，以生态系统理论为研究视角进行的幼小衔接区域现状调查（李丽，2015；何建双，2021；许静晔，2022）、师资合理配置研究（戎会会，2022）、家长与教师的入学准备观念研究（冯梅，2017）、多元合作（张冯青，2019）、微观层面的研究（陆秋婷，2014；骆秀萍，2013）等，这些调查研究一方面说明我国研究界对生态系统理论的熟知与认可，另一方面也说明该理论确实具有一定的解释能力与实践指导意义。

一、教育生态学理论的内涵

生态学（ecology）一词源自希腊文，本意是研究住所的学问。1866 年，德国动物学家赫克尔为它做了一个比较明确的定义：研究动物与其无机环境和有机环境的全部关系的科学，现在普遍指“研究有机体或有机群体与其周围环境的关系的科学”[④]。到 1923 年，人类学家麦肯齐提出了人类生态学的概念，即“研究人类在其环境的选择力、分配力和调节力的影响作用下所形成的在空间和时间上的联系的科学”。人类生态系统不仅包括不同群体之间的生物关系，还包括含有目的和文化的人类行为，是由生物关系和人类行为构成的复杂关系。生态学家邓肯提出社会不能与自然空间相脱离，生态系统中任何一部分的变动都会影响和作用到整个系统的其他部分。随后，西方学界又提出社会文化生态学，对人类社会特有的文化因素进行了重点考量。在人类生态学和文化生

---

① EMIG C, MOORE A, SCARUPA H J. School readiness: helping communities get children ready for school and schools ready for children[J]. Child Trends, 2001(10): 121-123.

② DUNLOP A W. Bridging early educational transitions in learning through children's agency[J]. European Early Childhood Education Research Journal, 2003(1): 67-86.

③ KAINZ K, VERNON-FEAGANS L. The ecology of early reading development for children in poverty[J]. Elementary School Journal, 2007(5): 407-427.

④ 范国睿. 教育生态学［M］. 北京：人民教育出版社，2000：3-4.

态学的影响下，教育生态学逐渐形成。1979 年，美国学者布朗芬布伦纳的《人类发展生态学》一书出版，第一次对教育生态学理论做出系统的梳理。在他看来，人与环境之间相互适应，在这个过程中，人是能动地成长；环境也非单个的、当下的情景，而是包括该情景内部的各种影响，以及该情景外部更多的环境影响。为了更好地解释“人”“情景”“环境”的关系，布朗芬布伦纳引入了“系统”的概念，把人的发展放在更宏观的、多层次的生态系统中加以考察。这些要素形成了彼此关联的同心结构（concentric structures）。如图 2-1 所示，布朗芬布伦纳将个体所处的生态环境分为 4 个不同的层次，包括微观系统（microsystem）、中间系统（mesosystem）、外系统（exosystem）和宏观系统（macrosystem）。① 根据教育生态学模型，我们需要关注幼儿所处的环境，并将幼儿的“幼小衔接”问题纳入社会生态系统的框架中进行剖析。因此，幼小衔接不仅仅是某一方的一厢情愿，而是涉及儿童发展的整个生态系统，包括幼儿、幼儿园、家庭、小学、社区和更宏大的国家政策与支持等。为了促进儿童的顺利过渡，这些系统需要共同开展各种教育教养活动。需要注意的是，这些系统并不是独立运作的，它们之间相互影响、相互制约，共同对幼小衔接中的儿童产生教育影响。

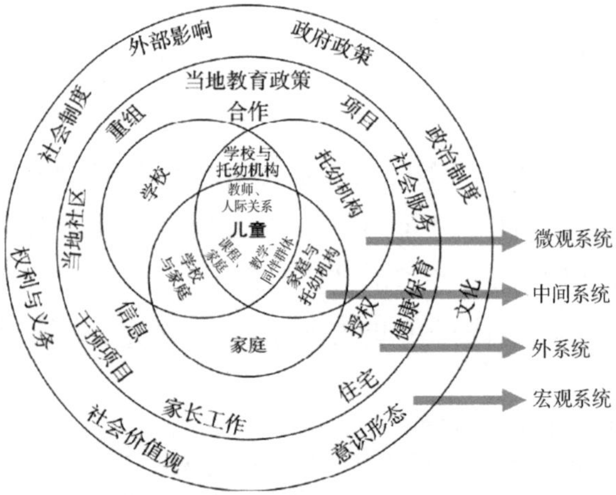

图 2-1　布朗芬布伦纳教育生态系统理论示意图

① 范国睿．教育生态学［M］．北京：人民教育出版社，2000：11.

二、教育生态系统理论下对幼小衔接教育的解释

从教育生态系统理论出发，“幼小衔接”中的“衔接”可以被赋予新的含义，即强调个体与其所处环境的相互调试，从关注幼儿的准备转移到“为幼儿准备”。从儿童发展与多重环境因素交互的角度可以做以下分析。

（一）微观系统

微观系统指发展中的个体与即时环境（家庭、学校、工厂）之间的复杂关系。构成这一系统的要素有地点、时间、物理特征、活动、参与者及其角色。具体到幼小衔接，微观系统是与儿童紧密相连并直接接触的环境。对处于幼小衔接的儿童来说，他们正在从家庭和幼儿园过渡到小学，并受到这 3 种环境的影响。因此，幼小衔接的微观系统中至少包括家庭、幼儿园和小学这 3 个子系统。家长、幼儿教师和小学教师的认知、实践及其相互间的关系都会直接影响儿童能否顺利过渡。因此，家庭、幼儿园和小学至关重要。

（二）中间系统

中间系统是由一系列小系统构成的系统（a system of microsystem），由个体所处的不同微观系统之间的相互联系构成。根据生态系统理论，微观系统之间的联系越紧密、越稳定，就越有利于个体的成长。对于正处于幼小衔接阶段的儿童来说，幼儿园、小学和家庭是他们生活中最重要的 3 个微观系统。这 3 个系统之间是否能形成支持性的联系，如幼儿园与小学之间的有效衔接、幼儿园或小学与家庭之间的紧密合作，将对儿童的顺利过渡产生决定性影响。同时，幼小教师之间以及教师与家长之间的有效沟通也是促进儿童发展的关键因素。如果家庭、幼儿园和学校能够保持稳定、有效的联系，形成教育合力，将大大促进幼小衔接中儿童的发展。

（三）外系统

外系统是指并不包含个体主动参与的但对个体产生直接影响的情境系统，对儿童来讲，它包括父母的工作单位、兄弟姐妹就读的学校或班级、父母的朋友、地方学校董事会的活动等等。在幼小衔接的过程中，家庭、学校和社区等外层系统也会对儿童的发展产生间接影响。家庭方面，家庭的构成、父母的职

业状况和受教育水平等会直接或间接影响父母对孩子的陪伴和关注程度，进而影响父母的教育方式和期待孩子达到的水平；学校方面，学校的办学理念和师资水平决定了办学的质量和水平，而教师的教育理念和教学方法也会影响幼儿的发展；社区方面，社区的环境、文化、活动以及参与学校教育的程度等也会对儿童的发展产生潜移默化的影响。此外，当地教育政策、教育干预项目等也会对儿童发展产生影响。

（四）宏观系统

宏观系统是指一系列信仰、生活方式、伦理观念、价值观、宗教观等具有一致性的文化或亚文化。作为最大的生态系统，宏观系统既为其他生态系统提供了更广阔的背景和宏观保障，也会对个体的发展产生深远影响。对于幼小衔接阶段来说，国家制定的相关法律法规及其完善程度、保障机制的健全程度、整个社会对幼小衔接教育的观念都会对这一阶段儿童的发展产生重要影响。

三、基于教育生态系统理论的幼小衔接教育策略

（一）用教育生态系统理论分析，各国目前幼小衔接依然存在问题

微观层面的第一个问题是对儿童的角色定位不清晰，儿童作为最关键的教育主体，在幼小衔接过程中往往处于被动状态，接受来自家长和教师的各种安排。儿童的“适应”被狭隘地定义为外显的、可量化的学业成就，相反其在心理、人格、道德方面的成长会被忽视，甚至无视，而且“小学化”的教学内容、教学方式不适合幼小衔接阶段的幼儿。中间系统方面，幼儿园、小学、家庭之间缺乏有效沟通。长期以来幼儿园一头热地努力向小学衔接，这种单向衔接直接导致幼儿园有意无意间对小学模式进行模仿，导致幼儿园教育的走形，而且家园沟通不够充分，家长参与度低。外系统方面，幼小机构对社区教育资源的发掘与整合不充分，而且社区或当地政府很少组织公益性幼小衔接教育活动，难以对弱势家庭的幼儿形成支持。宏观层面，近年来世界各国都加强了立法与制度建设，但是由于“小学化”问题的惯性，先进的政策还未能取得实质性的全面落实。以法国为例，国家尽管修订试行了《母育学校教育大纲》，推行幼小一贯制和混龄班教学组织方式，但“小学化”的情况依然存在。这种情况一来是因为各界在母育学校应当“让幼儿为入学做准备”和“为幼儿做准

备”之间摇摆，对幼小衔接教育的功能存在理解上的偏差；二来是因为政策宣传不充分。另外，根据 OECD 的调查，还有一些国家尚未完全建立幼小衔接的相关政策、法规、保障机制，这显然不利于幼小衔接事业健康、科学、有序地整体推进。

（二）构建幼小衔接教育生态

1. 重视国家公共政策和教育制度建设对幼小衔接的支持

处于宏观层面的教育立法与政策制定能够对国民的教育行为和教育活动产生导向作用，通过综合使用各种政策工具，将科学幼小衔接理念转变成教育实践，明确幼小衔接各参与主体的责权，形成正确的价值观，并对幼小衔接进行规范与督导。以芬兰为例，20 世纪 70 年代，芬兰便将学前一年教育纳入公立教育体系，2015 年更是将学前班纳入义务教育范畴，将学前一年教育从全国普及性教育变成强制性、免费性教育。2014 年，芬兰发布《学前教育国家核心课程》与《国家基础教育核心课程》，对学前教育与小学低年级教育如何体现课程教学的联系性和进阶性进行了引导与督导。又如美国，1965 年开始实施“开端计划”（Head Start Program），时至今日此计划依然有国会及各州政府的支持。1994 年，美国国会通过的《2000 年目标：美国教育法》明确提出，“所有美国儿童都要有机会接受高质量的、适合儿童发展的学前教育方案，从而为入学做好准备”。2003 年，联邦政府颁布《入学准备法》，并于 2005 年出台了 3 个更具有指导性意义的文件《入学准备州长指南》《入学准备州长任务工作小组最终报告》和《国家入学准备指标》，为美国全国范围内开展规范性的幼小衔接提供了法律依据、经费支持、技术指导与质量保障。

2. 做好环境准备

以往的幼小衔接多以要求幼儿做好准备为主。在教育生态系统论的视域下，更需要做好准备的是环境，具体包括家庭环境、学校环境、幼儿园环境、宏观环境（教育政策、教育制度、教育价值观等。宏观环境的准备在上文已做分析，下文不做赘述）。

（1）家庭环境的准备。家庭环境是儿童成长的主要环境，在儿童入学准备和入学适应中发挥着重要作用。国内外的研究一致显示，家庭经济社会背景往往通过家庭教养方式、家庭学习环境等间接发挥作用，对儿童的健康状况、认知和社会情感发展有重要影响，并一直持续到儿童成年。① 因此，针对低收入家庭的儿童应当开展补救性教育项目或专门教育项目，以抵消或弥补来自家庭的不利影响，并且加强家长教育，提升家长教育胜任力，具体可以通过舆论宣传、资料共享、专门项目等方式来进行。如美国密苏里州“让家长成为教师（PAT）干预项目”就是一项提高家长胜任力的专项计划，该计划通过反应性的亲子互动、亲子共读及家庭文化活动提高家长对儿童的支持。有研究显示，参与该项目的儿童在入学准备测验中的得分显著提高。为儿童学习提供学习资源也有助于儿童入学准备和入学适应。有研究显示，学习资源的使用与儿童入学准备能力呈显著正相关，儿童越多使用学习资源，其入学准备和适应的效果越好。这些资源可以是家庭私有的，也可以由政府或社区提供，如图书、电子产品、有教育价值的玩教具等。

（2）学前教育环境的准备。作为儿童入学准备的主要教育场所，幼儿园或学前班需要为儿童发展提供合适的教育环境，美国国家教育目标委员会（National Education Goals Panel，NEGP）曾对“佩里学前学校项目”在帮助幼儿做好入学准备方面的经验进行了总结，并以高瞻课程（High/Scope curriculum）的形式进行推广。高瞻课程的核心是儿童的主动学习和知识建构，围绕这个核心高瞻课程设计了学前教室的安排、材料、一日生活流程、教师的需要，以及与 10 个领域的关键经验相关联的活动和教学策略。NEGP 认为环境可以对儿童的学习品质产生直接或间接的影响，环境的创设不仅包括物质环境也包括精神氛围（人际关系），因此在学前教育机构质量评价指标中，对“学习环境”“成人—幼儿互动”“家长参与和家庭服务”等都做了详细的规定。（具体指标见表 2-3）

---

① 盖笑松．儿童入学准备研究与实践［M］．长春：吉林教育出版社，2007：20.

表 2-3 美国高瞻教育基金会学前教育机构质量评价指标① (部分)

重点内容	关键指标
学习环境	A. 安全而健康的环境 B. 明确划分的兴趣区 C. 科学设置兴趣区 D. 户外空间、设备和材料 E. 有组织和标识的材料 F. 多种多样的开放性材料 G. 充足的材料 H. 多样化的材料 I. 展示幼儿的作品
成人—幼儿互动	A. 满足基本的生理需求 B. 处理与家人的分离焦虑 C. 温暖关爱的氛围 D. 支持幼儿的交流 E. 支持母语非英语的幼儿 F. 成人以伙伴身份参与游戏 G. 鼓励幼儿的主动性 H. 在集体活动时间支持幼儿学习 I. 幼儿探索的机会 J. 认可幼儿的努力 K. 鼓励同伴互动 L. 独立解决问题 M. 冲突解决
家长参与家庭服务	A. 家长参与的机会 B. 决策委员会中有家长 C. 家长参与幼儿活动 D. 分享课程信息 E. 与家长交流 F. 家庭中的拓展学习 G. 正式的家长会 H. 诊断式/特殊教育服务 I. 必要的服务引介 J. 幼小衔接
机构管理	A. 机构注册 B. 保教的持续性 C. 机构评价 D. 入园以家庭为中心 E. 制度与程序 F. 残疾儿童的入学机会 G. 机构资金的充足性
员工资质和员工发展	A. 机构管理者的背景 B. 教师的背景 C. 员工接受上岗培训与监督 D. 持续的专业发展 E. 在职培训的内容和方法 F. 观察与反馈 G. 加入专业组织

此外，NEGP 指出，学前教育环境应当满足儿童在身体健康和动作技能、情绪和社会性、学习方式、言语发展及认知和一般知识 5 个方面的需求。从教育生态系统理论出发，幼教机构所能影响幼儿发展的因素很多，除物质环境外，师幼关系、家庭参与、家庭服务、员工专业化、课程与教学的连续性等也非常重要。学前教育工作者组织环境的方式、与儿童互动的方式都会影响儿童在学习中的投入度。②

(3) 学校环境准备。作为儿童入学准备的目的地，小学不应被动等待“儿童对学校的准备”，而要主动做好对儿童的准备。美国幼儿教育协会（National Association for the Education of Young Children，NAEYC）1995 年提出当

① 高瞻教育研究基金会．学前教育机构质量评价系统［M］．霍力岩，等，译，北京：教育科学出版社，2018：57，62.

② 希森．热情投入的主动学习者：学前儿童的学习品质及其培养［M］．霍力岩，等，译，北京：教育科学出版社，2016：52.

儿童进入学校时，学校有责任满足儿童的需要，并以最宽松的环境为他们提供所需要的所有服务，以帮助每一个儿童能够最大程度地发挥自己的潜能。NAEYC认为“学校的准备”应当完成以下4个基本目标和4个方面的具体工作。

表2-4 NAEYC学校准备的目标与内容①

4个目标	教师掌握关于所有儿童的成长和发展的知识	
	教师了解每一个儿童的能力、兴趣和需要	
	教师掌握每一个儿童及其家庭的社会文化背景	
	教师有能力把掌握的知识转化成与儿童发展相适应的教育实践	
4个准备	教师的准备	掌握儿童发展规律的基本知识，能够挖掘出儿童的兴趣和潜能
		可以设置儿童会积极地参与学习活动的学习环境
		能够与儿童生活中的重要参与者建立联结（教师、家庭和其他成人）
	学习环境的准备	在与儿童看护者的互动中对儿童进行教育
		通过各种学习资源及具有预测性的课程为儿童提供学习的机会
	课程和教育策略的准备	使儿童把受到的教育和已有经验连接起来
		以儿童个人的能力和兴趣为基础，为儿童提供丰富的与其发展相适应的教育
		把儿童的需要放在首位
	管理者的准备	掌握儿童发展及与儿童发展相适应的教育实践的知识
		支持教师的工作
		指导家长参与

综上所述，在教育生态系统视域下，参与幼小衔接过程的各方都需要做好准备，在尊重幼儿主体的前提下，宏观层面做好政策法规的制定、宣传与落实；外系统充分发挥地方政府的作用，做好社区资源的利用，建立家庭、园校、社区的协同关系；中间系统处理好教育机构与家庭的关系、成人与幼儿的

① 盖笑松．儿童入学准备研究与实践［M］．长春：吉林教育出版社，2007：22.

关系、课程与教学的连续性等；微观层面各司其职，教育机构提供高质量教育，家庭发挥好“背撑性”支持作用。

第四节　利益相关者理论

教育生态系统论向我们展示了幼小衔接的复杂性，幼儿、家庭、幼儿园、学校、社区、政府都参与其中。科学有效的幼小衔接不仅需要 4 个系统各司其职，更需要它们相互合作。而激发各参与者的积极性、提高幼小衔接质量需要借助利益相关者理论。

一、利益相关者理论的内涵

利益相关者（stakeholder）是经济学的重要概念，它的提出最早可追溯至 1929 年通用电气公司的一次公开演讲。1963 年，斯坦福研究中心将利益相关者定义为“没有它们的支持组织就不能继续存在的团体”①。进入 20 世纪 80 年代以后其影响迅速扩大，并开始影响美英等国的公司治理模式的选择，并促进了企业管理方式的转变。最初的利益相关者主要包括股东、雇员、供应商、债权人和社团。后来，弗里曼在专著《战略管理：利益相关者方法》（*Strategic Management*：*A Stakeholder Approach*）中将这一概念的内涵扩大，将利益相关者界定为“任何能够影响公司目标的实现，或者受公司目标实现影响的团体和个人”②，利益相关者理论的框架基本稳定。利益相关者理论包括描述、解释和建构 3 个互相关联的层次，其中描述层主要指向问题或现象的现实表象，解释层则主要深入现实表象的背后，挖掘其后的作用方式、因果关联，建构层则是基于对现实的全面审视和考量，提出优化实践的建议和对策。

利益相关者理论的核心观点在于，组织应当综合平衡各个利益相关者的利益要求，而不仅专注于股东财富的积累。管理者应当了解并尊重所有与组织行

---

① 张世义．利益相关者理论视角下的高校学前教育专业本科人才培养研究［D］．南京：南京师范大学，2014.

② 张世义．利益相关者理论视角下的高校学前教育专业本科人才培养研究［D］．南京：南京师范大学，2014.

为和结果密切相关的个体（利益相关者），尽量满足他们的需求。将各利益相关者纳入组织决策既是一种伦理要求，也是一种战略资源，而这两点都有助于提升组织的竞争优势。使用利益相关者分析框架需要澄清 4 点：利益相关者的边界识别、利益相关者的属性聚类（即基于属性特征对利益相关者进行分类）、利益要求的互动（即利益要求的表达与实现的分析）、利益相关者治理（保障各利益相关者以组织利益最大化为出发点）。利益相关者理论一出现就受到学界的关注，在社会学、法学、管理学、教育学等领域都涌现出相关成果。

二、利益相关者理论对幼小衔接教育的启示

幼小衔接从表面上看是幼儿园和小学两种教育机构的衔接，但实质上是教育机构与儿童发展的衔接。① 那么，谁是幼小衔接的利益相关者？应该以什么标准来边界识别？如何对这些利益相关者进行分类？这些群体是否存在直接利益冲突？如何协调？如何治理？谁来治理？教育生态系统论因强调系统、平衡和联系，非常适合分析这些问题。因而，有学者从教育生态系统论出发，指出家庭、幼儿园、小学与行政管理部门共同构成幼小衔接动态关系网。② 2005 年，美国国家教育目标委员会也从教育生态学角度提出入学准备观，认为入学准备包括 3 方面：一是儿童发展的准备；二是家庭、社区为儿童提供的支持，即家庭和社区的准备；三是学校为新入学儿童提供的条件。③ 在这个生态网中，儿童是幼小衔接教育的被服务者，家长、教师、幼儿园、小学都是主要利益相关者。④ 各利益相关者处于不同的层级，相互之间的联系程度与方式、关系是否平衡都会影响儿童的发展。

在幼小衔接生态系统中，最核心的利益应当是幼儿的全面发展。各利益相

---

① 刘晓东．中国小学教育亟待战略转型：兼论“幼小衔接”应向“小幼衔接”翻转［J］．湖南师范大学教育科学学报，2019，18（03）：1-7.

② RIMM-KAUFMAN S E, PIANTA R C. An ecological perspective on the transition to kindergarten: A theoretical framework to guide empirical research[J]. Journal of Applied Developmental Psychology, 2000(5): 491-511.

③ 希森．热情投入的主动学习者：学前儿童的学习品质及其培养［M］．霍力岩，等，译，北京：教育科学出版社，2016：44.

④ 洪秀敏，刘倩倩．不同利益主体视域下幼小衔接的多维挑战与突围之路：基于东中西部五省的实证调查［J］．中国教育学刊，2022（04）：1-6.

关者应当本着儿童立场开展教育实践，换言之，是否承认和践行“儿童本位”是判断某群体是否真正属于幼小衔接利益相关者的边界识别。美国学者米切尔提出，以组织/系统内的“权力—利益”关系来确认利益相关者，以参与组织事务的“合法性、权力性、紧急性”将其分类。根据该标准，米切尔将参与者分为 7 种（详见图 2-2），并对 7 种利益相关者的典型特征进行了描述，对确定实际利益相关者及如何开展利益相关者治理提供了思路。

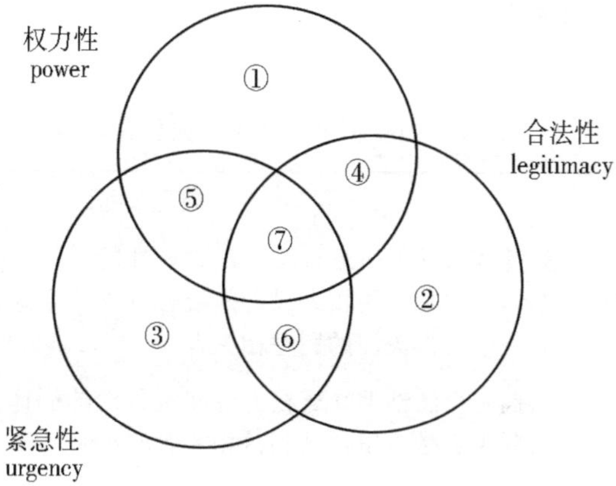

图 2-2　米切尔的利益相关者分类示意图①

注：合法性即某一群体是否被赋有法律上的、道义上的或者特定的对于系统的索取权；权力性即某一群体是否拥有影响系统决策的地位、能力和相应的手段；紧急性即某一群体的要求是否立即引起管理层的关注。

根据米切尔的分类框架，有研究者对利益相关者类型与典型特征进行了列表描述（详见表 2-5）。由于参与者的合法性、权力性和紧急性可能发生动态变化，其在组织/系统内的类型也可能发生变化。以小学为例，尽管小学在幼小衔接过程中同时具有合法性、权力性和紧急性，但长期存在的“幼儿园单向向上衔接”的错误幼小衔接观念导致小学在参与幼小衔接方面的积极性不高，因

① 张世义．利益相关者理论视角下的高校学前教育专业本科人才培养研究［D］．南京：南京师范大学，2014.

此小学并不能完全归为“确定型利益相关者”。随着《指导意见》的公布与推行，小学对自己利益相关者的身份逐渐认同并展开行动。同理，没有正确理念的教师、家长等参与者也不能称为利益相关者，可见，观念引领对利益相关者的自我定位起着非常重要的作用。对这样的群体，最首要和最重要的任务是加强科学幼小衔接教育观的宣讲。在参与幼小衔接的群体中也存在“危险型利益相关者”，比如“小学化”的幼小衔接教育机构，其在民间幼小衔接领域具有一定的影响力，并且能够满足家长对“幼升小”的迫切需求，但是其活动越积极，给幼小衔接活动带来的危害越大。

表 2-5　利益相关者类型及典型特征①

所属类型		典型特征
潜在型利益相关者	蛰伏型	只有权力性但缺乏合法性和紧急性的群体。他们处于一种蛰伏状态，当实际使用权力或者是威胁将要使用这种权力时他们被激活成一个值得关注的利益相关者
	任意型	只拥有合法性但缺乏权力性和紧急性的群体。他们随系统的运作情况决定是否发挥其利益相关者的作用
	需求型	只拥有紧急性但缺乏合法性和权力性的群体。他们有强烈的利益要求，但是经常被管理层忽视
预期型利益相关者	支配型	同时拥有合法性和权力性的群体。他们希望受到管理层的关注，也往往能够达到目的，在有些情况下他们还会正式地参与到决策过程中。这些群体包括投资者、员工和政府部门
	危险型	拥有权力性和紧急性但没有合法性的群体。这种群体对系统而言是非常危险的
	从属型	拥有合法性和紧急性的群体，但却没有相应的权力来实施他们的要求。这种群体要想达到目的需要赢得另外的更加强有力的利益相关者的拥护，或者寄希望于管理层。他们通常采取的办法是结盟、参与政治活动、呼吁管理层的良知等
确定型利益相关者		同时拥有对系统问题的合法性、权力性和紧急性

① 张世义．利益相关者理论视角下的高校学前教育专业本科人才培养研究［D］．南京：南京师范大学，2014.

在具体教育实践中，由于各参与者立场与需求不同，幼小衔接面临着多维的挑战。学者俞文曾对武汉市两千余名幼儿家长、小学生家长、教师进行了基于“儿童健全成长取向”的利益相关者实证研究。研究结果显示，这7类主要利益相关者都存在群体焦虑现象，对幼儿或1年级小学生普遍存在不合理的“教育期望”，对良好“师生关系”的建构认识不够深入；在“儿童发展”的判断标准上，家长是冲突的主要力量，教师和管理者普遍认同“学习品质”对儿童发展的重要价值，但幼小家长更关注“知识”和“成绩”；该研究的相关分析结果报告了家庭经济收入、文化程度、人口变量对幼小衔接效果的影响，经济社会地位相对弱势的家长群体在科学儿童观和家园/校共育方面的教育理念亟待提高。①

综上，笔者认为利益相关者理论对幼小衔接教育的启示在于以下几点。

（1）以儿童全面发展为最高利益，反对功利主义、短期主义对儿童利益的损害。

（2）以正确的儿童观、教育观、衔接观凝聚参与者，使之成为真正的利益相关者。

（3）调动“确定型利益相关者”的积极性与合作意识。充分发挥政府在政策制定、宣传与治理方面的作用，加强家长科学参与衔接的意识与胜任力，提高教师幼小衔接胜任力，加强沟通协调（如师幼互动、家园/校互动、联合教研等）。

第五节 儿童立场

一、“儿童立场”的内涵与实践价值

（一）意蕴丰富的“儿童”

“儿童”是一个意蕴丰富的概念。《辞海》将其解释为年纪比少年小的未成

① 俞文，涂艳国，李露，等．儿童健全成长取向下幼小衔接教育观差异分析：基于主要利益相关者的调查［J］．学前教育研究，2019（04）：16-31.

年人，显然仅以生理年龄为划分依据的解释并不确切。“儿童”是一个不断发展的概念。纵览中外教育历史可以发现，人们对“儿童”最初的认识都是建立在与成人的对比之上，以“成人”为尺衡量“儿童”，“成为成人”成为儿童教育的要义。在卢梭重新“发现儿童”之前，“儿童”在西方语境中大多是从属的、服从的、“第二性”的。18 世纪中叶以后，“儿童”的独特性、“童年”的特殊性逐渐成为西方教育界的重要论题，年级制、班级制等近代教育制度的形成均受到其影响。如果说卢梭将儿童推上教育的舞台，杜威则把特写镜头聚焦于儿童及其独特的经验与需求，充分肯定和论证了儿童“经验”的价值及其“发展的能力”，旗帜鲜明地提出“儿童中心论”。进步主义教育运动以来，学界及各国教育政策制定者逐渐认可这样的观点，即儿童是充满好奇的、自信的和能动性强大的主动学习者。正确理解和尊重幼儿学习与发展的规律与特殊性，成为幼儿教育实践的逻辑起点。

（二）“儿童立场”的教育价值诉求

立场，既是一种态度倾向，也是一种价值主张，是看待和解决问题时所处的地位和持有的看法。不同的立场代表不同的态度，影响甚至决定着处理事物的方式和结果。教育的立场有 3 条准线：为了谁（的利益），从哪里出发，靠谁展开。① 正如杜威所言，“儿童是起点、中心和目的。他的发展、他的生长是教育的理想”②。因此，儿童立场要求教育者正视儿童需求，努力成为幼儿发展的支持者、合作者和引导者。具体到幼小衔接教育，其更需立足于幼儿的年龄、认知结构、经验水平、兴趣、个性、情感，引导儿童内在的成长，为儿童顺利适应小学生活做好准备。

近年来，儿童立场的价值取向在我国各种教育政策中得到充分体现。《国家中长期教育改革和发展规划纲要（2010—2020 年）》提出，要把促进学生健康成长作为学校一切工作的出发点和落脚点。《指导意见》的一项基本原则就是“坚持儿童为本”，要求关注儿童发展的连续性，尊重儿童的原有经验和发展差异；关注儿童发展的整体性，帮助儿童做好身心全面准备和适应；关注

---

① 成尚荣．儿童立场：教育从这儿出发［J］．人民教育，2007（23）：5-9.

② 杜威．杜威全集：中期著作：第二卷［M］．张留华，译，上海：华东师范大学出版社，2011：212-213.

儿童发展的可持续性，培养有益于儿童终身发展的习惯与能力。《幼儿园保育教育质量评估指南》提出，教育过程要关注幼儿发展的连续性，针对性地帮助大班下学期的幼儿做好身心、生活、社会和学习等多方面的准备，体现出国家对幼儿发展整体性的要求。我国对儿童立场的坚持也体现在小学教育改革中。《义务教育课程方案（2022 年版）》明确提出，义务教育要以“立德树人”为根本任务，加强学段衔接，合理设计小学 1 至 2 年级课程，注重活动化、游戏化、生活化的学习设计；着力推动育人方式变革，着力发展学生核心素养；凸显学生主体地位，关注学生个性化、多样化的学习和发展需求，增强课程适宜性。① 中共中央办公厅、国务院办公厅印发的《关于进一步减轻义务教育阶段学生作业负担和校外培训负担的意见》重申双减的立足点是关注儿童发展，要求教师以儿童身心发展水平与特点为基础，关注儿童在学习和发展方面的实际需要。② 需要指出的是，立场有自觉和自发之分，对坚持儿童立场而言，成人鲜少自发而多需自觉，所以教育者必须经过专门学习或实践，以便形成儿童利益优先的意识和行动。换言之，能否“用儿童的眼睛看世界、用儿童的方式做事情”是对“儿童立场”最朴素的理解和认识。

（三）“儿童立场”的幼小衔接教育实践逻辑

厘清“儿童立场”的内涵不仅有利于检验教育者的教育观念，而且有利于科学设计和实施教育活动。在教育实践中，教育者应自觉区分“为了儿童的教育”和“基于儿童的教育”。“为了儿童”的教育背后往往是“成人立场”，容易受到流行的、短期效果明显的目标所影响，教师容易在“不让孩子输在起跑线上”这个功利的伪命题上与家长达成一致，形成儿童缺位、成人越位的“伪儿童立场”。有学者根据实证调研结果指出，当前儿童准备与适应不足、幼小衔接效果不佳的根本原因在于各利益主体“为儿童服务”的教育观念存在冲突与分歧。③ 据上海某媒体的报道，目前大班孩子课外补习超前的程度已令人瞠

---

① 教育部．义务教育课程方案［M］．2022 年版．北京：北京师范大学出版社，2022：1，4.

② 中共中央办公厅，国务院办公厅．中共中央办公厅　国务院办公厅印发《关于进一步减轻义务教育阶段学生作业负担和校外培训负担的意见》［EB/OL］.［2023-08-15］. http://www.moe.gov.cn/jyb_xxgk/moe_1777/moe_1778/202107/t20210724_546576.html.

③ 洪秀敏，刘倩倩．不同利益主体视域下幼小衔接的多维挑战与突围之路：基于东中西部五省的实证调查［J］．中国教育学刊，2022（04）：4.

目：上海市某培训机构“小学新 1 年级强化班”的 10 节课的主题分别是推理比较、线角初步、加减法应用初步、折叠分割思想、时间的认知、方向与坐标、叠加覆盖问题、统计初步、益智趣题、感受图形之美。这样的学习内容已达到小学 3 年级的难度水平。① 迎合家长的“抢跑”心态不仅无视学前教育自身的独特性，也妨害了幼儿当下的成长需要和未来的全面发展。知识教学的旧传统仍然对小学教育发挥着作用，尽管国家反复强调小学 1 年级要零起点教学，但能落实这些要求的小学并不多，压缩课时、超前超标教学，甚至组织小学入学考试的现象也屡禁不止。

那么“基于儿童的幼小衔接”应该如何设计实施呢？首先，恢复和确立“儿童的主体性”，倾听儿童的声音。各方应当通过各种方法了解儿童对幼小衔接是如何想的、怎样感受的，源自他们内心对小学的期待、兴奋、担心、焦虑又是什么，他们如何运用自己尚不成熟的问题处理方式来应对等。

其次，加强基于儿童视角的幼小衔接研究。有学者提出，基于成人视角的幼小衔接研究在本质上体现出了较为明显的实证主义研究范式的倾向。② 在研究幼小衔接时，将儿童视为积极的参与者，而非被动的客观对象。以每个儿童的独特体验为起点，强调他们在研究过程中的主动参与，而非仅仅将他们作为研究对象。囿于幼小衔接阶段的儿童在自我反思能力和语言能力方面的限制，研究者需要选择更贴合幼儿特点的研究方法，如自主摄影法、绘画法、日记法、材料刺激访谈法等，以期为幼小衔接对策的制定和实施提供重要的知识资源和证据支持，使其更能贴近幼儿的真实需求，更有针对性和实效性。

再次，各利益相关方要设计实施“为儿童准备”的项目。以美国为例，20 世纪 90 年代中期，美国国家教育目标委员会为更好地帮助儿童顺利完成入学准备与适应，专门成立了“学校准备资源小组”（ready school resource group），对学校应当做的准备进行了明确的说明③。

---

① 俞文，涂艳国，李露，等．儿童健全成长取向下幼小衔接教育观差异分析：基于主要利益相关者的调查［J］．学前教育研究，2019（04）：17.

② 李召存．论基于儿童视角的幼小衔接研究［J］．全球教育展望，2012，41（11）：57.

③ 盖笑松．儿童入学准备研究与实践［M］．长春：吉林教育出版社，2007：22.

1. 教师的准备

掌握儿童发展规律的基本知识，能够挖掘出儿童的兴趣和潜能，可以提供一种儿童会积极参与学习活动的学习环境，在儿童的生活中教师、家庭和其他成人能够以合作者的关系相联结。

2. 环境的准备

在与儿童看护者的互动中对儿童进行教育，通过各种学习资源及具有预测性的课程为儿童提供学习的机会，并使儿童把受到的教育和其已有的经验连接起来。

3. 课程和教育策略的准备

以儿童个人的能力和兴趣为基础，为儿童提供丰富的与其发展相适应的教育。

4. 管理者的准备

掌握儿童发展及与儿童发展相适应的教育实践的知识，支持教师的工作，指导家长参与，并且把儿童的需要放在首位。

从我国幼小衔接实践来看，既往的教育实践更关注儿童如何做好准备和适应，对教育机构、家庭如何“为儿童做好准备”关注不足。随着《指导意见》的发布，社会各界对“为幼儿准备”的理念逐渐理解并付诸实践。各地涌现出很多典型案例，以山东省青岛市为例，青岛市在“为幼儿准备”上做出了很多有益尝试。第一，开展幼小教师“同课异构”活动，安排幼儿园老师和小学老师同上一堂课，加深彼此对幼小科学衔接的认识；第二，小学 1 年级教师联合备课，按照新课标要求把 1 年级新生应会的学科知识点列出来，再结合一个大主题，以讲授数学知识为核心，将各学科知识点以游戏化设计融合起来，从难度和形式上更贴近 1 年级学生的水平；① 第三，加强家长教育。不同于很多地方的发放幼小衔接资料的做法，青岛市要求各幼儿园、小学切实以家长学校为平台，开展专题宣讲，如邀请小学老师为幼儿家长答疑解惑，从“幼儿园的生活和小学的不同”“入学后有哪些不适应”“我们可以做什么”等方面，分析幼

---

① 青岛市教育局.《半月谈》点赞！岛城幼小衔接在行动[EB/OL].[2023-06-18]. https://mp.weixin.qq.com/s/FB2M0t1NUFTDN1n98ZLnBQ.

儿园与小学生活的不同，介绍孩子进入小学前家长可以准备哪些工作，需要培养孩子哪些能力等，同时对学习能力、自理能力、交往能力、专注力、时间管理、阅读能力、倾听能力和书写能力等方面进行系列宣讲。[①] 这些活动在减少家长焦虑、提高家长的科学幼小衔接教育能力、帮助家庭为幼儿入学做好准备与适应等方面取得了非常好的效果。

第六节　幼小衔接研究范式的多样化

如上文所述，幼小衔接是一个复杂的教育现象，多方利益相关者共同参与其中，不同的利益诉求导致了不同的教育实践，而不同的教育实践又产生了不同的教育效果。综合使用不同的理论视角可以为我们全面观察幼小衔接教育现象提供帮助，为解决幼小衔接问题提供框架。

一、研究主题多样化

从 20 世纪中后期开始，幼儿进入小学会遇到各种不适应的问题就广受关注。概念上先后出现过“入学准备”“入学适应”“幼小衔接”等，每个概念关注的主体其实有所不同。“入学准备”是学龄前儿童为了从正规学校教育中受益所应当提前具备的各种关键特征或基本条件[②]，关注点是儿童的准备状态。后来出现的“入学适应”也是基于幼儿生理、心理、社会性的状态来观察研究的，所以研究主题集中于如何提高幼儿的能力。20 世纪 90 年代起，研究者开始将幼小衔接视为一次性、短期变化事件，因此研究关注于评估幼儿是否能适应新环境。随着教育生态系统论的引入，幼小衔接作为一个系统进入研究者的视野，研究重点开始转向幼小衔接各利益相关方应有的作为，对政府、家庭、教育机构的研究不断涌现。

---

① 青岛市李沧区青峰路幼儿园．家园校面对面，共话科学衔接：幼小衔接家长专题讲座活动[EB/OL].[2023-06-18]. https://mp. weixin. qq. com/s/KFacpOveuCmqvjIkDdSYLQ.

② JENNA M W. Defining and measuring school readiness using confirmatory factor analysis techniques[D]. Twin Cities:University of Minnesota,2016.

二、研究视角多样化

从儿童发展或成熟理论到人类发展生态学理论和社会文化理论，这一转折使得对幼小衔接的认识从侧重于幼儿技能转向关注动态生态系统及利益相关者间的变化关系。国外研究者从儿童发展的不同理论出发，从“儿童学习的准备”“儿童对学校的准备”“儿童成熟的准备”“学校对儿童的准备”等不同角度对幼小衔接教育现象进行分析。除上文所述的“成熟度理论”“断层理论”“教育生态系统理论”“利益相关者理论”“儿童本位”等，近年来，基于其他视角的研究不断增多，如社会文化理论对幼儿主体性、创造性的研究，共生理论对多主体协作的研究等。

社会文化理论由苏联心理学家维果茨基（L. S. Vygotsky）提出，强调社会文化因素在人类认知功能的发展中发挥着核心作用。该理论认为，人的心理机能从根本上来说是一个由文化产品、活动和概念充当中介的并受中介调节的过程。在该理论框架内，幼儿不仅可以利用社会文化工具调节自身的生理和行为活动，而且可以成为利用已有文化工具开展创作的主体。儿童既是幼小衔接实践的积极参与者，又是与成人的对话者，儿童才是幼小衔接的体验者。社会文化理论更关注衔接过程中幼儿的学业、情感情绪、社会互动、文化适应等问题，更多采用质性研究的方法来表达儿童角色的改变。

1879 年，德国著名生物学家德巴里（Anton de Bary）首次提出广义的“共生”概念，20 世纪中后期，共生的理念与研究方法被广泛应用于各个领域。在教育学领域，共生理念通常用于观察和解释不同类型的教育现象或解决教育中的某个具体问题，如教师与学生、学生与学生、师生与教学内容之间的交互状态与密切关系。我国学者袁纯清认为 3 个要素构成共生系统：共生单元、共生模式、共生环境。幼小衔接中的家园校之间的关系完全可以形成一个共生系统。基于共生系统对幼小衔接展开研究，可以为目前研究和实践尚不充分的家园校合作提供思路与方法。

三、研究范式多样化

总的来讲，进入新世纪以来，国内外有关幼小衔接的研究普遍呈现出生态化研究趋势，即在自然的环境和具体的社会文化背景下讨论影响儿童入学准备与适应的各种因素，从关注量化研究到兼顾量化研究与质性研究两种范式。面向“成熟度”的研究多以心理测量学为研究范式，面向“衔接”的研究多以教育实验为研究范式，此外，还有大量旨在探明某地幼小衔接教育现况的调查研究。这些量化研究一方面可以为研究者和教育工作者从宏观上了解教育现状提供帮助，而且可以对幼小衔接中的心理现象进行数量化的因果分析和相关分析。尽管如此，量化研究关注大样本代表性的特点也导致这些研究缺乏对极端样本和无法量化的问题的描述。所以，近年来有关幼小衔接的质性研究成果不断出现，如基于文本分析法对幼小衔接政策文本进行的分析，基于扎根理论对师幼互动、家长焦虑、家园共育、儿童关系的研究，基于作品分析的儿童研究，基于马赛克方法的教学改革等，都体现出研究者对个体实际生活状态的关怀，有助于形成自下而上的本土化理论。

第三章　国际视野中的幼小衔接

幼儿教育与小学教育的衔接问题受到了世界各国的普遍重视，教育发达国家开展了大量研究。“幼小衔接”是“transition to school”或“transition from early childhood phase to primary education”的简称，是国际通用的一项关于学前教育和初等教育过渡及衔接的教育专业术语。这个概念自提出便极具活力，是学界和教育实践界热议的研究主题。在 JSTOR 数据库做主题词搜索并进行相关度及时间筛选，可知西方国家于 20 世纪 50 年代便开始关注“幼小衔接”问题。随着测量工具的开发和布朗芬布伦纳生态系统观的提出，相关研究层出不穷。总体而言，研究以实证性测量/调查为主，所涉范围包括幼儿入学准备水平对个体持续发展力的影响、父母（家庭经济社会背景）对幼儿入学准备的影响、教师相关理念与教育实践、教育政策、少数族裔等。在 CNKI 数据库做主题词检索可以发现，2000 至 2007 年是幼儿入学准备研究的起步阶段，2007 年之后，相关研究成果有所增长。如果考虑到“幼儿学习品质”“幼小衔接”等相近研究对“入学准备”的涵盖，相关成果数量会更多。总体而言，与国外研究相比，当前我国幼小衔接研究以中微观研究为主，集中于对现实的具体描述，有较强的教改倾向，定量研究和长时段追踪研究有限。本章将对美国、法国、芬兰、OECD 的幼小衔接教育进行分析，以期提供更多信息和思路。

第一节 美国的幼小衔接教育

美国是世界上关注幼小衔接问题较早的国家之一。在美国，学前教育是指5岁前的儿童在未正式入学之前接受的教育，年满5岁的儿童可以进入附设于小学内的幼儿园学习。kindergarten是指5岁儿童的学习场所，是在入读公办或民办小学1年级（first grade）之前的一个年级。preschool则是3岁和4岁儿童未入读kindergarten前就读的学前班或幼儿园。3岁以下儿童入托或入读院所则属于婴幼儿计划（Infant/Toddler Program）。目前kindergarten已成为美国K-12（学前班至12年级）公立教育系统的起点。所以，在美国幼小衔接是指在kindergarten入读的儿童必须进行为期一年的预备教育，其与小学1年级教育形成了一种自然的延伸。这种教育制度和机构上的衔接有利于促进幼儿各方面的发展，为其进入小学做好准备。

一、建立健全幼小衔接政策

为了提高教育质量，尤其弱势群体的教育水平，美国在二战后制订了一系列针对性的干预性教育计划，其中尤其以“开端计划”（Head Start Program）最为著名。开端计划于1965年开始实施，目的在于缩小弱势群体幼儿在入学时与其他幼儿的差距。一直以来，美国国会及各州政府都对该项目给予了有力支撑，2003年对此财政预算达67亿美元，2007年投入71.1亿美元，2014年此项目财政预算增加到86亿美元，2016年上升到91.7亿美元。[①] 大量学龄前儿童通过该项目获得早期教育服务。20世纪90年代以来，美国学前教育政策的关注点更加集中在帮助儿童获得入学准备。1994年美国国会通过《2000年目标：美国教育法案》（*Goals 2000：Educate America Act*），法案共6项目标，其中一项明确涉及幼小衔接，要求“到2000年，所有达到入学年龄的儿童都要做好学习的准备”，为了确保这一目标的实现，要求“所有美国儿童都

---

① Head Start Early Childhood Learning& Knowledge Center. Head Start Fact Sheets [EB/OL]. [2023-05-08]. https://www.naeyc.org/our-work/public-policy-advocacy/head-start.

要有机会接受高质量的、适合儿童发展的学前教育方案，从而为入学做好准备”。美国教育部2002年的一份报告显示，在该法案的影响下，全美多数地区已经通过立法手段向低收入家庭儿童和高风险儿童提供了免费的学前教育机会，以缩小他们与其他儿童在入学准备上的差距。

进入新世纪以来，美国政府对入学准备的关注有增无减，密集出台了大量政策法规。小布什政府2001年颁布“不让一个孩子掉队”法案，2002年出台“良好开端，聪明成长”议案，全社会开始关注儿童入学准备问题。2003年，联邦政府颁布《入学准备法》，重点关注儿童在语言、数学、科学等领域的入学准备情况。2005年，美国出台《入学准备州长指南》《入学准备州长任务工作小组最终报告》和《国家入学准备指标》3个具有指导性意义文件，标志着自《2000年目标：美国教育法案》以来美国各界在入学准备的定义、各方责任、衡量幼儿入学准备状态或水平的标准等问题上基本达成一致①，各州在托幼机构、家庭与社区、社会服务3个层面为儿童做好入学准备保障。3个文件充分体现了教育生态理论强调的多方协同的观点，将培养“有准备的儿童”，形成“有准备的州”“有准备的学校”“有准备的社区”“有准备的家庭”推向实践。2011年，为进一步应对早期儿童学业成就降低、入学准备不充分的问题，美国教育部和健康及人类服务部联合发布了“力争上游学前教育挑战”计划，强调儿童入学学业准备，支持各州已有的早期教育与发展项目来缩小儿童在入学准备上的差距。

二、丰富多样的入学准备项目

在联邦政府的倡议下，美国各州开展了很多具体的早期干预项目，如北卡罗来纳州的“聪明开端计划”(Smart Start Program)、密歇根州的“前幼儿园计划”　(Pre-Kindergarten Program)、佐治亚洲的彩票基金入学准备项目(Lottery-Funded School Readiness Program）等。各州这些综合教育服务项目主要面向低收入家庭的入学前幼儿。

在针对入学后儿童的补救式干预方面，美国也做了很多有益的尝试，如

① 刘焱．入学准备在美国：不仅仅是入学准备［J］．比较教育研究，2006（11）：29.

"阅读补救项目"（Reading Recovery Program），该项目旨在对具有潜在读写困难儿童的学习能力进行提高。参加项目的儿童需要在连续 12 至 20 周的时间里，每天接受 30 分钟的特殊训练。训练不仅着眼于学习知识，更关注儿童学习策略的培养，营造师生亲密的关系，减少儿童对教师的恐惧。俄亥俄州曾对该项目的效果进行过一项 5 年追踪评价性研究，结果表明"阅读补救项目"能够显著减少学困生比例（该州此比例从 36%下降为 6%），留级率降低 2/3。加利福尼亚州的相关追踪研究发现，到 5 年级时，75%受过这项训练的儿童能够达到甚至超过本年级儿童的平均水平。① 美国经验表明，幼小衔接是一个系统化教育现象，无论对幼儿进行提前干预，还是针对新入学儿童进行补救性干预，都能取得积极的效果。

三、建立入学准备质量标准和质量保障体系

第一，美国幼小衔接教育的发展也经历了从关注儿童准备向注重多方协同的转变，强调儿童准备、学校准备、家庭准备和社区准备 4 个方面。建立科学合理的质量保障体系，是保证幼小衔接教育发展不可或缺的组成部分。2005 年通过的《国家入学准备指标》体系由核心指标和参考指标构成，核心指标包括 5 个方面：儿童、家庭、社区、服务（涵盖健康、托幼服务和教育）和学校。此指标体系在以下几方面提供监测：评估和追踪 0 至 8 岁儿童身心发展水平；监测本州幼儿及其家庭获得各种服务的质量；摸查各州在入学准备工作方面的经验与问题。该指标体系为政府进一步制定改进措施提供了基本工具和框架。

第二，不断改进评估工具，适应幼小衔接教育新要求。美国幼儿学习环境评量表（ECERS）是国际上运用较为广泛的托幼机构教育质量评价工具之一。该量表自 1980 年问世以来，于 1998 年、2015 年进行了两次修订。ECERS-3（2015 版）充分体现了美国基础教育"学习内容标准化"运动的影响，在尊重幼儿身心发展规律的前提下，提高对幼儿学业成就的期望，关注幼儿语言读写与数学的学业技能准备，尤其强调早期数学学习的质量；从幼儿发展适宜性出

---

① 盖笑松．儿童入学准备研究与实践［M］．长春：吉林教育出版社，2008：8.

发，对儿童的学习环境，如安全与卫生、环境创设、一日生活、学习活动等提出全面要求；从衔接方式上逐渐关注集体教学价值，从教师角色上逐渐强调有意识教学。①

第三，提高教师幼小衔接胜任力水平，健全教师资格证书制度。对入学准备的重视在很大程度上引起了美国教师教育的改革。美国幼儿园基本上附设在小学里，接纳 4 至 6 岁儿童，幼儿园教师一般都需要本科学历，并持有教师资格证。近年来，为了促进学前教育和小学低年级的连贯性而颁发相应的执照。公立幼儿园的教师往往需要达到美国幼儿教育协会设定的第四级到第五级的从业资格（见表 3-1），并完成各自州认可的专业训练计划。从第四级从业资格要求中可以明显看到，协会对幼儿教师应具备横跨幼儿教育和初级小学两个学段教学经验的要求。除了 NAEYC 的证书，美国各州对幼儿教师资格的规定并不相同，但是学前教师一般都具备早期儿童教师证书、幼儿教师证书或小学教师证书，这些证书适用的年龄和年级存在差异，有的适用 0 至 6 岁，有的适用幼儿园至小学 3 年级（5 至 9 岁），也有的适用于 preschool 或保育学校（5 岁前）。如宾夕法尼亚州、弗吉尼亚州、华盛顿州、威斯康星州的教师执照是前幼儿园到 3 年级；阿拉斯加州的教师执照是前幼儿园到 4 年级。一些州也出现过一个教师先在幼儿园某个班级任教，当幼儿升学后，继续担任该班的教师 1 至 2 年的情况。总的来讲，教师都接受过跨学段教育训练。

表 3-1　美国幼儿教育协会关于幼儿教育专业人员等级要求一览表②

类别	要求
第一级	正在专业人员指导下从事幼儿教育工作，同时参加职业培训以期取得学位或通过专业评定的人员
第二级	已完成儿童发展助教（child development associate）职业培训课程，或已完成其他有关的综合训练课程并通过直接评价取得儿童发展助教证书，或已完成一年制的幼儿教育课程并取得相应的教学证书

① 肖婵媛，潘月娟．从 ECERS 到 ECERS-3：美国幼小衔接的转向与启示［J］．陕西学前师范学院学报，2023，39（04）：94-102.

② 胡知凡，李燕．幼儿教师教育的实践与探索［M］．北京：中国人民大学出版社，2012：2.

续表

类别	要求
第三级	已取得符合美国幼儿教育协会要求的两年制学位，或已获得相关学科的两年制学位并完成30个学分的儿童发展及幼儿教育课程（包括300小时的幼儿教育实际工作经验），或具有与美国幼儿教育协会所要求的两年制学位相当的知识、能力及素养
第四级	已取得符合美国幼儿教育协会要求的学士学位，或已取得州政府根据美国幼儿教育协会要求颁发的教学证书，或已获得相关学科的学士学位并完成30个学分的儿童发展及幼儿教育课程，有300小时的幼儿教育实际工作经验（其中包括婴儿、幼儿园、初级小学教学经验各150小时），或具有与美国幼儿教育协会所要求的学士学位相当的知识、能力及素养
第五级	已获得符合美国幼儿教育协会要求的硕士学位或具有与美国幼儿教育协会所要求的硕士学位相当的知识、能力及素养
第六级	已获得符合美国幼儿教育协会要求的哲学博士或教育学博士学位，或具有与美国幼儿教育协会所要求的博士学位相当的知识、能力及素养

第四，鼓励家长参与幼小衔接，提升家长教育胜任力。美国非常重视家庭在幼小衔接中的作用，除了对儿童进行干预之外，还加强面向家长/家庭的指导。例如，美国密苏里州“让家长成为教师（PAT）干预项目”就是一项提高家长胜任力的专项计划，该计划通过反应性的亲子互动、亲子共读及家庭文化活动提高家长对儿童的支持。有研究显示，参与该项目的儿童在入学准备测验中的得分显著提高。各州也都采取了多样的措施提升家长幼小衔接胜任力，包括家长教育、家访和综合性的家庭支持计划，各州开展专题宣传，或通过学校、医院、图书馆、社区、互联网等途径向家长提供入学准备的相关资料。如肯塔基州为家长提供幼小衔接指导手册，内容包括小学的入门级指导、幼小衔接家庭准备清单等，帮助家长做好幼儿入学的各项准备工作。又如密歇根州除了为家长提供幼小衔接指导手册，还向家长介绍入学准备的具体策略，如科学制定儿童作息时间表、引导儿童遵守规则等。①

美国经验显示，幼小衔接教育需要国家层面的统筹和督导，一是加强政策

① 田雨佳，莫迪，李召存．美国小学促进家长参与幼小衔接的实践探索［J］．江苏教育研究，2015（Z1）：71-73.

制定，二是从宏观上整合、促进教育系统间的合作；实践中需要调动多方积极性；幼儿的准备水平、幼儿家庭教育情况、幼儿园和小学在形式上（机构）和教育内容（课程）上的衔接缺一不可；家庭发挥着超乎想象的作用，为幼儿提供更多适宜性教育的家庭，子女对小学的适应更好；发展性的、合适的课堂实践有助于帮助幼儿轻松愉快地升入小学。

第二节 法国的幼小衔接教育

法国是西方最早设置幼儿教育机构的国家，历来重视学前教育的发展。母育学校是法国最重要的官方学前教育机构。法国的幼小衔接教育是母育学校和小学阶段的衔接，相当于幼儿园大班到小学 1、2 年级的过渡教育。然而，法国的幼小衔接教育在 OECD 国家中并不突出，有段时间甚至被“小学化”问题所影响。2015 年，法国重新修订并公布第六版《母育学校教学大纲》，对学前教育质量标准的制定、幼小衔接策略的调整都发挥了关键性的指导作用。

国内对法国幼小衔接教育的研究有限，杨敏是国内为数不多的较早进行研究的学者。杨敏（2009）以德国哈克教授的幼小断层理论为切入点，对法国幼小衔接教育过程中儿童遇到的问题进行分析，较为详细地呈现了法国幼儿因受学习方式与环境的改变、行为规范的束缚、社会交往能力的提高等 6 方面断层产生的问题，并研究了法国政府的应对策略，如将幼儿园附设于小学中、科学设置“教学阶段”、统一监督视导、幼小教师共同培训、增加男性教师比重等。郑婉（2009）在《幼小衔接——法国幼儿教育一瞥》中介绍了法国幼小衔接教育的历史发展、培养目标、课程计划和评估标准。胡春光、陈洪（2011）主要介绍了法国幼小衔接教育制度建立的背景和内涵，简单介绍了法国教育行政衔接、教学组织和师资的衔接。崔新玲、梁进龙（2011）从课程这一微观角度观察法国幼小衔接，介绍了法国在幼小教育机构的合作平台打破幼小课程各自为政、实现课程衔接的具体方法。李娅菲（2013）对法国“学习阶段”进行研究，围绕培养目标、课程计划、教学环境、课外活动等方面铺陈法国幼儿园和小学一体化发展的模式。张雁（2019）通过分析法国 2015 年的《母育学校教学大纲》较为系统地展示了新世纪以来法国幼小衔接教育面临的困境，以及政府的破解之路。从上述研究可以看出，法国幼小衔接事业的发展绝非顺风顺水，中间经历了两次重要改革，一次是20世纪90年代的幼儿教育与初等教育改革，这次改革打破了传统的年级概念，建立起幼小一体化改革制度；一次是2015年的《母育学校教学大纲》的颁布，将法国母育学校从过于“小学化”的境况中拉回关注幼儿全面发展的正轨。这两次改革对幼小衔接起到了一定的推动作用。

一、建立完善的法律保障

法国的行政管理体制以中央集权的金字塔结构为特点，这也影响了它的幼小衔接教育管理体制。大学区是法国的地方教育行政单位，全国被划分为26个大学区，它们直接隶属于中央政府。学区长负责本学区的教育系统，并代表中央政府行使教育管理权。这种中央集权的教育体制有助于避免地方行政力量的不当干预，从而保障幼儿的学习机会，对幼小衔接的顺利进行起到重要作用。

作为世界上最早制定保护和教育幼儿法令的国家之一，法国的教育理念崇尚“自由与平等”。法国的幼小衔接教育也在儿童个性自由发展和满足学习成长需要之间不断寻求平衡。1833年，《基佐法》正式将托儿所纳入国民教育体系，标志着法国开始支持学前教育。1881至1882年颁布的《费里法案》、1886年颁布的《戈伯莱法》进一步巩固了学前教育的发展基础。1975年，《哈比法案》明确要求学前教育与小学教育进行衔接。1977年，法国教育部明确规定母育学校有3个目标，即“教育、学前准备和照料”，对母育学校的性质也进行了明确界定，将其划为初等教育的第一阶段，这个阶段不仅要进行保育，也要为日后的学校教育做好准备。从1986年到2015年，法国先后公布了6版《母育学校教学大纲》，为学前教育课程开发、实施、管理与评价提供了依据。

二、灵活调整教育政策，解决母育学校“小学化”问题

在国家的大力支持和完备的教育法律体系的保障下，法国幼小衔接制度形成了层次性、过渡性和连贯性的特点。然而，由于法国急于提高基础教育阶段

学生的学业水平，母育学校出现了明显的“小学化”问题。自 2003 年起，法国学业困难学生的比例不断增加，学生语言能力方面的问题尤其突出。2013 年，PISA 测试结果显示，法国 15 岁学生的留级比例高达 28%，而 OECD 国家的平均比例仅为 12%，法国基础教育在 OECD 国家中处于落后地位。研究显示，法国学生学业水平受自身经济社会背景的影响非常明显，教育不平等现象加剧。法国政府因此提出，扭转学业失败现象必须从学前教育开始推进政策，提高对学前教育及幼儿入学准备水平的要求。2015 版以前的《母育学校教学大纲》更多地将评估压力集中在幼儿身上，将儿童能力水平作为检查对象，优先强调母育学校的“教育”职责，国民教育部学区服务主任多米尼克·贝克（Dominique Beck）就曾直言，母育学校应为儿童未来的学习做好准备，所以应当培养其学习的兴趣，让儿童获得语言和共同生活的基本能力。[①] 可见，法国幼小衔接政策在 2015 年之前更强调母育学校为社会培养人才的职能，对教育的社会价值的关注远远超过对幼儿个体发展的关注。母育学校自 20 世纪末出现明显的“小学化”倾向。社会各界对学前教育与小学之间的关系展开了长期的辩论，讨论的结果便是 2015 年第六版《母育学校教学大纲》的公布。

第六版《母育学校教学大纲》（以下简称新《大纲》）对幼小衔接存在的现实困境做出了系统化的回应。第一，从政策的价值取向上看，新《大纲》服务于国家教育整体战略目标，但是将“儿童在学校学习、表现和发挥其个性”作为改革的主要使命，凸显学前教育对儿童发展的价值。第二，新《大纲》重申母育学校为所有儿童服务的价值取向，帮助所有儿童克服经济社会背景的差异取得成就，彰显教育公平。第三，新《大纲》倡导的教学设计打破了封闭模式，鼓励家长参与，鼓励母育学校与儿童家庭保持信赖的关系，明确国家、学校、教师、家长对儿童学业成就所应当承担的不同责任。第四，新《大纲》倡导多元化课程，为各学前教育机构提供自主空间，以保证幼小衔接教育的灵活性。第五，强调质量和评估。新《大纲》虽然弱化了将母育学校视为小学预备班的角色设定，但并没有大幅降低对学龄前儿童学业水平的要求。新《大纲》

---

① 张雁，张梦琦．法国学前教育的实践理据与价值负载：新《母育学校教学大纲》透视［J］．比较教育研究，2019，41（01）：82.

要求对儿童学业水平进行科学辨别，母育学校需参考教学大纲，对大班儿童进行成绩汇总，成绩单作为连接教师、学校和家长的媒介，可逐级检测学生在各阶段所获得的知识和技能水平，成绩单将随儿童升入小学。需要说明的是，新《大纲》明确提出的这种“辨别”不是简单的预测或选拔工具，而是建立在母育学校教师对幼儿长时间的观察及过程性评价基础之上。第六，以娱教为导向，科学推进幼小衔接。新《大纲》要求教学过程要遵循从游戏出发的原则，但是教师应当引导幼儿明白游戏并不只是玩，而是包含教育初衷。母育学校教师需要将义务教育阶段的 5 项核心素养有机地融入幼儿教育中，使幼儿获得“知识、能力和文化的共同基础”。经过几年的执行，新《大纲》在解决“小学化”问题上取得了一些成效，但有法国学者认为，母育学校在尊重儿童需求、重视游戏、给予儿童充足的学习时间、班校家庭合作方面仍要继续努力。①

三、科学设置“教学阶段”，促进幼教和小教融合

“教学阶段”是法国幼小衔接教育的一个特色。根据 1989 年的《教育方针法》和 1990 年的《幼儿园与小学运作组织法》，法国将学前教育和小学教育分为 3 个“学习阶段”，具体是指在母育学校和小学建立新的教学组织形式，把 2 至 11 岁儿童的教育分为 3 个连续的教学阶段，每个阶段一般由 3 个学年组成：一是启蒙学习阶段（2 至 5 岁），包括母育学校的小班和中班；二是基础学习阶段（5 至 8 岁），包括母育学校的大班和小学的前两年；三是深入学习阶段（8 至 11 岁），包括小学的后 3 年。在重视改革课程体系、加强学习指导的同时，也限制留级率并注重教师指导能力的培养与提高。每个学习阶段，教学活动实行同学科、同水平分组教学。这样，在同一学习阶段内，一定程度上没有了年级的概念。“教学阶段”的指导思想的核心是重视学生的个体差异，并以学生为中心组织教学。学习困难的儿童可以调整学习进度，选择用 4 年的时间来完成一个学习阶段。这种调整并非传统意义上的留级，因为并不需要重复学习已经掌握的内容。相反，它会帮助这些儿童找到适合自己的学习节奏，

① 张雁，张梦琦．法国学前教育的实践理据与价值负载：新《母育学校教学大纲》透视［J］．比较教育研究，2019，41（01）：83.

并加强那些薄弱的学科和环节。而学习能力强的儿童则可以在两年内提前完成一个学习阶段的学业。

在这种组织方式下，母育学校和小学教师需要每周花费 1 个小时来研究每个阶段的儿童应该达到的具体能力和水平。同时，他们需要为每个学生制订一份周期计划，以确保学生在该周期内得到教育和教学，避免在同一周期内教授相同的学生。这种“学习阶段”制度下的大班既是启蒙教育的最后阶段，也是进入基础学习阶段的第一年。大班的学生开始参与一些具有基础学习特色的活动，与小学前两个年级的学生一样主要学习法语和数学，并初步养成独立学习的习惯。母育学校大班与小学每周都有大约 25 学时的上课时间，教学内容也基本一致，具体见表 3-2。这种安排将学前教育与小学教育整合为一体，实现了形式上的有效衔接。

表 3-2　法国幼小衔接阶段教学内容与上课时数①

学习领域	最少时数	最多时数
法语与语言	9 小时	10 小时（CP11 小时）
共同相处	0.5 小时（每周辩论）	
数学	5 小时	6 小时
探索世界	3 小时	3.5 小时
外国语言（CE1）	1.5 小时	
艺术教育	3 小时	
体育运动	3 小时	

四、重视师资培养，统一聘用制度

法国师范学校的入学考试竞争异常激烈，通常报考人数与录取人数的比例为 10：1。法国的幼儿教师与小学教师的培养方式在欧盟各国中是独特的“连接式模式”，即培养方式完全相同。这种模式下，学生们首先在普通高等教育

① 胡春光，陈洪．法国幼小衔接教育制度的内涵与启示［J］．学前教育研究，2011（09）：25.

机构获得学士文凭，然后进入师资培训机构接受专门的师范培训。具体来讲，根据法国教育部的小学教师职业能力参照表，小学教师是一种综合性职业，应该有能力承担从幼儿园小班到小学中级二班（即小学的第五年）各个学科的教学工作，小学教师的教育对象为幼儿园儿童和小学生。同时，法国教育部对幼儿教师和初等教育教师的聘用考试科目一样，初试考法语和数学，录用考4项，即关于教育科学知识的口试（涉及教育哲学、儿童和青少年心理和生理发展、学习心理学和社会心理学等）、关于常识的笔试、关于语言或音乐或造型艺术的口试以及体育测试。被成功录取的学生即被任命为“学生—教师”，并开始领取国家公务人员的工资，可见，法国的幼儿教师与小学教师接受的是同样的专业训练和考核，两者甚至可以互换工作。这种连续性的培养模式对学前教育与小学教育的衔接起到了极大的帮助。

在幼儿园的每个班级里，除了配有专门的教师外，还有一位“地方专业幼儿园服务员”（ATSEM）。此服务员由市镇政府聘雇，要求具有法国照顾幼儿的职业能力证书，其主要工作是帮助教师处理教学杂务、照顾幼儿用餐和如厕。① 此外，法国还有内容丰富、形式多样的教师继续教育项目，每个教师每年都有权享受“进修假”两周，教师职业生涯总计有两年的带薪学习进修假期。教师培训分短期、中期和长期3种，学前和小学教师的培训工作主要由省里负责，中学教师的培训由学区负责，培训内容主要是帮助教师适应工作、自我完善和晋升②，以及及时了解国家幼小衔接政策和基础教育改革新要求，同时在培训过程中开展系列教研活动，提升教育质量。

五、制定评估标准，合并督导与管理

自1989年《教育方针法》颁布，法国公立幼儿园与小学的教育行政人员组织运作开始完全相同。1990年，法国政府进一步将母育学校与小学的监督视导工作合并。首先，接受法国国民教育督学的督导，其主要职责一是对小学、初中段的职业技术教育和学前教育机构进行督察，二是对初等教育、幼儿

---

① 李娅菲．法国幼小衔接教育制度研究［D］．重庆：四川外国语大学，2013.

② 李娅菲．法国幼小衔接教育制度研究［D］．重庆：四川外国语大学，2013.

教育机构的教学、教育工作进行监督，管理和评价教师及相关人员。初等教育的视导员及教育顾问都需要具备两个阶段的教育理论和实际经验，以便将幼儿园与小学的监督视导工作合并在一起进行系统管理，从而更好地实现母育学校与小学之间的衔接。其次，接受学校委员会的督导，委员会成员包括省督学处派驻各分区的督学、市政单位代表、校长、教师代表、学生家长代表等，较为充分地体现了第三方评价的思路。幼儿园与小学的日常运转主要依靠“教学小组”和“教育小组”来进行。其中“教学小组”主要由各班教师组成，专门负责教学事务；“教育小组”由校长、教职员代表、家长代表、校外专业人员（如医生、护士、律师、社工服务人员）组成，负责学校卫生、保健、活动等其他教育事项。

综上，法国幼小衔接教育有很多值得借鉴之处，其中最突出的一点是形式衔接。法国的“教学阶段”制度将母育学校与小学从形式上进行了有机衔接，并以此为基础形成了一个整体、动态、连续的系统，在这个系统内，对教师培养与聘用、管理与督导、教学与评价、课程衔接等问题进行整合，充分发挥了系统的功效。需要注意的是，法国的“教学阶段”制度设计并不等同于我国的在小学设置学前班，因为“教学阶段”尊重每个年龄段儿童的身心发展规律，尊重不同学段的教学特色与重点，并非简单地将小学知识下移。法国的“教学阶段”制度为幼儿提供了与小学 1、2 年级学生学习和社交的机会，有利于产生积极的同辈影响。法国的“教学阶段”制度对我们开展幼小衔接制度设计具有很强的参考价值。

第三节　芬兰的幼小衔接教育

地处北欧的芬兰不仅经济发达，基础教育水平也遥遥领先，在历次 PISA 测验中表现优异，其教育理念与教育改革力度更是令人惊叹。在芬兰，幼小衔接主要指从早期儿童教育与保育到学前教育、从学前教育到基础教育的过渡。一般年满 6 岁的儿童都有权利参加为期 1 年的免费学前班学习。从 7 岁开始，儿童将开始接受九年义务教育。作为芬兰教育体系重要的组成部分，幼小衔接早在 20 世纪 70 年代便受到国家的重视，目前已经形成了较为成熟的幼小衔接教育模式，取得了包括尊重儿童的主体地位、单列学前班、课程与教学法的系统衔接、多方协同、关注教育公平等方面的经验。

一、政策先行，重视宏观调控

作为一个人口小国，芬兰极为珍视每个孩子的发展，将儿童视为影响国家未来的重要力量。学前教育作为教育的起点历来受到国家政策和财政的支持。芬兰的儿童普遍于0至5岁接受幼儿教育，7岁上小学，幼儿教育和小学教育之间是单独设立的“学前一年”（类似学前班）。20世纪70年代，芬兰将学前一年教育纳入公立教育体系，2015年更是将学前班纳入义务教育范畴，将学前一年教育从全国普及性教育变成强制性、免费性教育，极大提高了学前一年教育的质量。从时间上讲，芬兰从国家层面支持幼小衔接已有半个世纪之久，从政策、立法、经费支持上帮助每个儿童尤其处境不利儿童做好入学准备，保证教育的起点公平。

2014年，芬兰发布《学前教育国家核心课程》与《国家基础教育核心课程》，对学前教育与小学低年级教育在课程教学方面需要体现连续性与进阶性提出了明确的要求。核心课程方案蕴含着强烈的整体衔接理念，强调幼小双向衔接，将幼小衔接教育的主要任务确定为“为入学做好准备”，将小学低年级的任务确定为“身份过渡与转变”。这种将幼小衔接阶段单列的制度设计给了幼小衔接机构更多的话语权与改革空间。

2015至2016年，芬兰教育和文化部参与了OECD关于从儿童早期教育和护理（ECEC）过渡到小学教育的政策制定和实践审查，并于2017年参与制定OECD《强势开端Ⅴ：幼小衔接》报告，同时发布《芬兰幼小衔接国家报告》，对幼小衔接的目标、政策及教育改革措施进行了具体阐释，向世界展示芬兰经验。2021年8月，芬兰启动了一项两年制学前教育试验，约有1万名5岁儿童参加。两年制学前教育同样免费，幼儿每天在园4个小时，遵守与小学、初中相同的上课时间和假期。该方案旨在加强儿童的学习能力，为其小学1年级打下坚实基础。

二、尊重儿童的主体性，关注弱势儿童

芬兰的幼小衔接有非常明显的“以儿童为中心”的特点。与法国相比，芬兰更强调学校或教育机构为儿童做好准备，而不过分关注儿童为进入学校做好准备，因此较少出现“小学化”的问题。作为幼小衔接中最重要的利益相关者，儿童有将近3年的时间完成从“儿童”向“学生”的转化。在芬兰，教育的目的是培养儿童“如何学习”，而不是让儿童去学习具体的知识。芬兰早期的儿童教育与保育法案明确规定，幼小衔接的目标、任务、工作方式需要与幼儿及其监护人进行讨论。① 学前班是通过玩耍、运动、做实验、创造性活动、观察和提问以及儿童与成人的互动等方式来进行教与学的。儿童每天会有充足的户外活动时间。在幼小衔接的整个过程中，各个领域的专家如特殊教育老师、口语治疗师、心理学者等会入园对儿童进行指导，及时帮助有困难的儿童，这些体现了为儿童服务的理念和儿童的主体地位。另外，教师不仅引领儿童适应学校的物理空间环境、适应小学的课堂，还积极引领儿童适应与教师互动、与同伴互动的人际关系，让儿童适应新的教学规则，这些措施都考虑到了儿童的兴趣和需求。

在芬兰，每个儿童都有权接受学前班教育，并且有机会接受成长和学习方面的指导和支持。对于因学习困难而无法接受学前班教育的处境不利的儿童，政府提供了特别资助与支持，如对于生活在偏远、交通不便利地区的儿童，政府安排了免费的往返交通工具。芬兰用优质的学校教育资源弥补了家庭的不足。学校教师聆听儿童对幼小衔接的声音，让儿童自由地表达自己的担忧。根据调查，儿童的忧虑集中在情感态度和人际关系，因此学校采取了具体的措施，如让家长参与进来，带孩子体验小学生活，让小学教师到儿童家里进行家访，了解具体情况等。

三、关注幼小课程及教学衔接的连续性

在《学前教育国家核心课程》《国家基础教育核心课程》和OECD《强势

① OECD. Starting Strong Ⅴ：Transitions from Early Childhood Education and Care to Primary Education[M]. Paris：OECD Publishing，2017：217.

开端Ⅴ：幼小衔接》的共同指导下，芬兰幼小衔接教育更加强调连续性，主要表现在3个方面：专业的连续性、教学的连续性和发展的连续性。核心课程提出“连续的学习路径”概念，强调儿童从幼儿教育与保育到学前教育，再到基础教育，都要遵循不间断的学习轨迹，上一个阶段的重点成为下一个阶段的起点，阶段之间要平稳衔接。因此，在课程与教学方面，1、2年级学生的任务不是“知识学习”，而是“成为一名小学生”，因此，相较于其他国家，芬兰要求小学教育工作者更主动地了解儿童前一阶段的发展。在课程衔接方面，学前教育和小学1、2年级都以培养儿童跨学科素养为目的，这两个阶段的儿童跨学科素养既有学段的独特性，也有交叉，具体差异参见表3-3。从表3-3可见，小学1至2年级的课程是对幼小过渡阶段的深化，教育教学项目都围绕儿童跨学科素养展开，从学前教育到基础教育的培养目标是连贯且基本一致的。

表3-3　芬兰学前教育与小学1至2年级跨学科素养比较①

		学前教育	小学1—2年级
跨学科素养	1	思维与学习	思维与学会学习
	2	文化素养、互动与自我表达	文化素养、互动与自我表达
	3	自我照料、管理日常生活	自我照料、管理日常生活
	4	多模态识读素养	多模态识读素养
	5	信息与通信技术素养	信息与通信技术素养
	6	—	工作生活的能力与创业精神
	7	参与和投入	参与、影响、建设可持续未来

从课程内容的呈现上来说，学前教育以“学习模块”为课程内容，学习任务包括音乐、视觉艺术、手工艺、身体和语言表达4个方面，目的在于为儿童提供具有启发性的学习体验，并为儿童参与合适的学习挑战任务提供机会。以坦佩雷市M幼儿园为例，学前班每天上午都有2至3节小学式的教学活动。学校会发给每个幼儿一本厚厚的“课本”，里面创设了很多有趣的情境，每个情境里的主人公（幼儿喜欢的小动物）都会提出学习要求，让幼儿愉快地完成

① 徐晨盈，吴刚平．芬兰国家核心课程中的幼小衔接：理念、路径与启示［J］．外国教育研究，2022，49（05）：93.

相应的学习任务，如写字母、加减计算等。每次课堂教学完成后，幼儿都会上交作业，教师进行批改。教师也会进行一些简单的测验来了解幼儿的学习情况。[①] 小学 1、2 年级开始以“学科领域”为课程内容，教学内容的结构性和抽象性逐渐提高，课程内容的划分不断细化，方便学生逐渐适应后续的分科学习。

四、幼小衔接机构灵活多样，机构间积极互动

芬兰的幼小衔接机构主要是日托中心、幼儿园和小学，具体有 3 种形式：一是在小学附近设置单独的学前班，拥有独立的教学楼；二是在小学里附设学前班；三是在幼儿园里设置学前班，由幼儿园提供 6 岁儿童的学前准备教育。总体而言，芬兰约有 20%的幼儿在小学接受幼小衔接教育，约有 80%的幼儿在幼儿园接受幼小衔接教育。[②] 这样的形式打破了学前班与小学之间的界限，不同学段间的互动变得更加容易。这些幼小衔接结构多数采用 K-2 的混龄教学组织方式，学前班的孩子（6 岁）和小学 1、2 年级的孩子共处校园、同堂学习、统一在校时间。共处校园的目的是让学前班的儿童在日常生活中熟悉物理空间，对小学环境产生认同。同堂学习是指学前班每周都有与小学 1、2 年级一同上课的时间（具体时间不限，最少半天）。1、2 年级的学生可以到学前班，学前班的儿童也可以到 1、2 年级的教室。这种安排不仅有利于学段课程的融合，更体现了双向衔接的理念。统一在校时间是指学前班与 1、2 年级在校时间相同，每天上午 4 小时，方便幼儿对小学作息的适应。机构互动还体现在师资互动方面，K-2 混龄教学要求幼小教师合作完成教学设计和评价，这样两个学段的教师不仅能够更好地了解对方的教学内容和方式，而且能够帮助幼儿适应课堂从游戏化的主题教学转化为学科教学。

五、地方政府深度参与质量监控与儿童水平评估及干预

幼小衔接是芬兰学前教育质量监控的一部分。政府监管主要包括地方当局

---

① 王芳，滕珺．芬兰的幼小衔接教育［J］．北京教育（普教版），2018（06）：89.

② 贾钱玉．从学前班看芬兰幼小如何衔接［J］．早期教育（教育教学），2020（01）：35.

的监督、教育机构监督、家长监督和儿童自我监督。教育系统内的每名教师都需要连续地计划、跟进、评估和提升教学方案，以帮助儿童更好地完成过渡。地方政府在幼小衔接中同样扮演着非常重要的角色。通过定时组织一对一的幼儿能力评估，政府能够及时发现幼儿在某些领域的能力不足，并请专业人员提供协助。比如芬兰非常重视儿童的阅读能力，会针对 4 至 6 岁幼儿的阅读能力进行测试，评估幼儿是否具备上学所需要的阅读水平。地方政府会派特教老师去每所幼儿园，一对一地评估幼儿。一旦发现可能需要帮助的幼儿，政府就会派专门的老师（通常是一位特教老师、一位心理学者、一位口语治疗师）及时协助和干预。① 整个过程都有各领域的专家入园，为儿童服务，无需家长“寻医问药”。如果专家的诊断表明孩子需要接受特殊教育，政府也会为家长提供相应的支持和指导，包括将孩子送到师生比更低的学校，让其接受更专业化的陪伴和训练。此外，政府还为那些暂时不具备升入小学能力的幼儿提供两年的学前教育，这有助于他们在 8 岁时更好地适应小学的学习环境和要求。地方政府在确保幼儿进入小学前具备足够的能力和准备上扮演了重要角色。

芬兰的学前班用一整年的时间逐步把儿童交到小学教师手中，在此过程中不仅学前班教师和小学教师之间会进行交流互动，而且各种社会力量也会参与进来，学前班教师、小学教师、家长、社会服务机构、政府等共同形成促进儿童成长的合力，不断地支持幼小衔接工作，以此形成良性的循环机制。

第四节　OECD 幼小衔接教育概述

OECD 全称 Organization for Economic Co-operation and Development，译为“经济合作与发展组织”，简称“经合组织”，是西方国家政府间的经济联合组织，1961 年成立，用以替代欧洲经济合作组织。OECD 旨在共同应对全球化带来的经济、社会和政府治理等方面的挑战，并把握全球化带来的机遇。OECD 对全球教育的影响力不断增强，最著名的 PISA 测试已经吸引了大约 300 多万学生参加，为大规模教育研究提供平台，并在此基础上帮助 100 多个

---

① 钱文丹．我在芬兰幼小衔接课堂［J］．教学管理与教育研究，2018（06）：118.

国家开展教育改革。鉴于 OECD 对世界教育的作用，联合国教科文组织（United Nations Educational，Scientific and Cultural Organization，UNESCO）在《全球教育监测报告》中表示："在过去 20 年里，OECD 对国际教育所做出的创新性贡献鲜有组织能与之媲美。"① 在学前领域，OECD 的贡献也不遑多让，其将欧洲重视终身教育的理念深深地印刻在学前教育改革中。

1996 年，OECD 召开了一场以"人人终身学习"为主题的教育部长会议，与会各国表达了提高早期教育质量的强烈意愿。在这次会议的推动下，从 1998 年至 2021 年，OECD 委员会进行了一系列早期教育政策专题调查活动，并在调查的基础上形成了 6 份《强势开端》报告以及 2 份专题报告（历年报告主题参见表 3-4）。OECD 十分关注早期儿童教育和保育（Early Childhood Education and Care，ECEC），成员国普遍认可学前教育不仅是终身学习的第一步，也是促进儿童福利、家庭平衡和社会公平的关键政策领域，在儿童的长期学习和发展过程中，投资优质的早期教育与保育能够为儿童带来显著回报。

表 3-4　OECD《强势开端》历年报告主题②

发布年份	报告主题
2001 年	*Starting Strong* Ⅰ：*Starting Strong：Early Childhood Education and Care*《强势开端：儿童教育与保育》
2006 年	*Starting Strong* Ⅱ：*Early Childhood Education and Care*《强势开端Ⅱ：儿童教育与保育》
2012 年	*Starting Strong* Ⅲ：*A Quality Toolbox for Early Childhood Education and Care*《强势开端Ⅲ：早期教育和保育的质量工具》
2015 年	*Starting Strong* Ⅳ：*Monitoring Quality in Early Childhood Education and Care*《强势开端Ⅳ：学前教育质量监测》
2017 年	*Starting Strong* Ⅴ：*Transitions from Early Childhood Education and Care to Primary Education*《强势开端Ⅴ：幼小衔接》

① 丁瑞常．从"国际教育政策论坛"到"全球教育治理参与者"：经合组织在教育领域的角色流变［J］．教育学报，2020（05）：87-96.

② OECD. Starting Strong [EB/OL]. [2023-05-30]. https://data.oecd.org/searchresults/?hf=20&b=0&r=%2Bf%2Ftopics_en%2Feducation&q=Starting+Strong&l=en&s=score.

续表

发布年份	报告主题
2021 年	*Starting Strong Ⅵ*：*Supporting Meaningful Interactions in Early Childhood Education and Care*《强势开端Ⅵ：支持早期儿童教育和保育的高质量互动》
2017 年	*Starting Strong 2017*：*Key OECD Indicators on Early Childhood Education and Care*《强势开端 2017：早期教育发展关键指标》
2019 年	*Starting Strong 2018*：*Teaching and Learning International Survey*《强势开端 2018：教与学的国际研究》

从《强势开端》初期的理念研究重点可见，OECD 的关注重点逐渐从宏观政策转移到中观教育问题，如早期教育质量标准与监控、幼小衔接、高质量互动等，呈现出非常明显的行动性。许多 OECD 成员国增加了早期教育与保育的公共支出，但越来越多的研究结果表明，如果幼小衔接没有做好准备或者小学的教育质量低于早期保育与教育的质量，那么这些教育回报可能在小学初期逐渐消失。在此背景下，OECD 于 2017 年 6 月发布了《强势开端Ⅴ：幼小衔接》，旨在建立一个涵盖有效战略及政策的国际知识库，确保儿童学习的连续性，在幼小衔接阶段为儿童提供一个幸福的环境，指导和激励各国的政策制定者，确保各国幼小衔接的顺利开展。

《强势开端Ⅴ：幼小衔接》报告强调了早期教育与保育对儿童终身学习的重要性，以及优化幼小衔接过程和小学教育质量的关键作用。该报告提出了一些具体措施，包括制定有效的教育政策，提高教师培训和资质，确保教育内容和评估标准的适宜性，以及促进家庭、学校和社区之间的合作等。这些措施旨在确保儿童在进入小学后能够获得良好的学习和发展机会，从而为他们的未来奠定坚实的基础。报告最关键的概念是"连续性"，建议各会员国关注幼儿发展的连续性，幼儿园、小学教学的连续性以及教师职后培训的连续性，并从教育生态建设的角度帮助各国采取有效措施，确保儿童进入小学后能继续获得良好的学习和发展机会提出了要求与建议。

一、OECD 幼小衔接基本情况

早在 1998 年，OECD 教育委员会便发起了早期教育和保育政策的调查活动，旨在为儿童提供优质的教育和保育。2001 年发布的《强势开端：儿童教育与保育》研究报告提出了发展平等且优质的早期教育应遵循的 8 项指标，对幼小衔接影响较大的指标有制定统一的、适合 0 至 8 岁儿童发展的政策框架，这一要求为 OECD 各成员国在政策制定过程中进行制度性衔接提出了方向；要求学前教育系统与教育其他部门要保持紧密、平等的合作关系，这一要求为各国推进机构间合作提供了强有力的政策依据；强调多方参与，从幼小衔接利益相关者的角度出发，鼓励教育机构、家庭、幼儿、社区都参与幼小衔接过程，包括幼小衔接内容、教育方式、质量监控等各环节；为教师提供培训机会，以政策保障教师队伍更加高质；重视数据收集与监控，为幼小衔接教育循证实践提供有力的数据支撑。

在《强势开端》方案的引领下，OECD 各成员国积极进行早期教育改革，如澳大利亚 2009 年颁布《归属、存在和形成：澳大利亚幼儿学习框架》，特别强调教师要在该框架下寻求各方合作，做好幼小衔接工作；2011 年出台《澳大利亚学龄儿童保育框架》，强调学习的连续性和过渡；2015 年公布《幼小衔接计划与实施模式》，对幼小衔接过程中各利益相关方的责权进行了详尽说明，强调“合作”的重要性。又如芬兰 20 世纪 70 年代便将学前一年教育纳入公立教育体系，2015 年更是将其纳入义务教育范畴，将学前一年教育从全国普及性教育变成强制性、免费性教育。2017 年发布的《芬兰幼小衔接国家报告》对幼小衔接的目标、政策及教育改革措施进行了具体阐释，2021 年启动两年制幼小衔接教育实验，从教育理念到实践都取得了不错的成绩。再如法国，由于历史原因，法国教育在“儿童为小学做准备”还是“教育机构为儿童做准备”的问题上左右摇摆，以至于法国的幼小衔接深受“小学化”的影响。所幸法国的“教学阶段”制度设计有利于母育学校与小学在形式上形成有机衔接，并形成了一个能够及时对教师培养与聘用、管理与督导、教学与评价、课程衔接等问题进行整合的整体的、动态的、连续的系统。2015 年的《母育学校教学大纲》的颁布，将母育学校从关注知识衔接拉回关注幼儿全面发展的正轨，在“去小学化”的道路上迈出了坚实的一步。

二、《强势开端Ⅴ：幼小衔接》的目的和内容

《强势开端Ⅴ：幼小衔接》延续了前4份报告对质量的追求，并将关注的重点从整体性、宏观性转向中观层面的专项改革。OECD对幼小衔接的关注源自长期的教育循证研究结果，大量证据显示，小学与早期保教之间存在显著差异：儿童的交流方式、同伴数量、参与活动的类型以及物理环境都有所不同。如果没有做好过渡，早期保教的效果可能在小学第一年就付之东流。因此，2015年，OECD教育政策委员会委托OECD秘书处从8个OECD国家（奥地利、芬兰、丹麦、日本、挪威、斯洛文尼亚、瑞典、英国）和一个伙伴国（哈萨克斯坦）的国家背景报告中收集相关信息，并向27个OECD成员国及3个伙伴国发放网络问卷。在总结和分析各国经验的基础上，从组织管理、专业持续、教育持续、发展持续4个方面提出OECD幼小衔接框架。国内学者将OECD国家普遍推行幼小衔接的目的总结为3点，一是增进幼儿幸福，二是推动高质量教育的延续，三是加强教育公平。①

（一）《强势开端Ⅴ：幼小衔接》的内容

各国长期以来普遍存在自下而上的儿童视角的研究，儿童的话语表达被成人视角的研究代替。“让儿童准备”的理念对OECD国家的幼小衔接实践产生了深刻而消极的影响。最明显的例子便是日本，尽管日本早在第二次世界大战结束后就开始关注幼小衔接问题，但儿童视角的缺失使日本深陷“幼儿园向小学看齐”和“小学向幼儿园看齐”两个极端。在1956年的《幼儿园教育要领》中，幼儿园教育被划分为6个领域，并严格与小学教育课程相对应，导致学前教育成了“小学的准备教育”。尽管1989年修订了《幼儿园教育要领》，但由于对幼小衔接的本质和任务认识不清晰，“小1问题”并没有得到真正的解决。在OECD国家，幼儿升入小学出现“水土不服”的情况非常普遍。因此《强势开端Ⅴ：幼小衔接》的首要目的就是建议各国从法律和制度层面明确规定儿童的相关权利。报告介绍了多国经验，如芬兰在《学前教育国家核心课程》中

---

① 许浙川，柳海民．OECD国家实施幼小衔接的目的、原则及启示［J］．基础教育，2018，15（01）：32-39．

明确提出儿童应当被赋予更多的话语权；瑞典在《教育法》中规定，儿童应该有自由表达意见的机会，应该根据儿童的年龄和成熟程度来权衡他们的意见；挪威在《国家过渡指南》中强调儿童是最重要的行动者，儿童的经验和观点是一切活动的起点，成人应该在什么时候上学、什么最重要等问题上适当地听取儿童的意见。

（二）推动高质量教育的延续

《强势开端Ⅴ：幼小衔接》显示各国幼小衔接教育在组织与管理方面面临诸多挑战，各国也采取了多种应对策略（详见表 3-5），这明确反映出 OECD 国家对学前教育质量的重视以及对高质量教育延续的期望。幼小衔接是儿童首次面对机构间的转换，其成败关系着高质量学前教育成果的保持，以及儿童能否应对未来的挑战，巩固终身发展的基础。

表 3-5　OECD 国家应对幼小衔接挑战的策略①

挑战	策略
缺乏统一的幼小衔接方法	开发国家计划或策略；制定指南或指导方针
难以吸引所有参与者	监测幼小衔接的状态；将幼小衔接法治化，实施强制的课程框架；为地方政府提供幼小衔接的案例
利益相关者的合作不足	经常审查合作；定期讨论交流；提供咨询和指导
幼小衔接支持力度不足	提供语言支持；成立资金支持项目；目标团体优先参与早期保教；为早期保教机构提供额外的财政和人力支持

根据哈克幼小断层理论，儿童在从学前教育向小学教育转换的过程中会遇到 6 种断层：关系人的断层、学习方式的断层、行为规范的断层、社会关系的断层、期望水平的断层、学习环境的断层。每一种断层都可能对儿童产生消极影响，衔接过程适应不良的幼儿会产生诸如学习兴趣低落、恐惧、焦虑以及攻击性强等行为。减少断层的影响就要做好连续性，或者说“减缓坡度”。研究表明，优质的幼小衔接能够促进儿童在性格培养、行为习惯培养和学习成就提

① 张静．经合组织《强势开端Ⅴ：幼小衔接》政策述评［J］．世界教育信息，2018，31（24）：66-69.

升等方面的发展。这方面芬兰的经验最值得一提，首先，芬兰很早就设立了单独的幼小衔接（学前班）阶段，并将其纳入义务教育范畴，6 岁的儿童可以在融合了幼儿园和小学两种教学模式的物理环境中学习、生活；其次，从制度上保证教育工作的衔接；再次，是课程与教学的连续性；最后，是关注儿童自身发展的连续性，《学前教育国家核心课程》和《国家基础教育核心课程》对各自学段的主体进行了称谓上的区分，幼小衔接阶段的主体被称为“儿童”，基础教育阶段的主体被称为“学生”，称谓上的区分体现了对不同学段的孩子的发展特点与角色定位的区分，有助于过渡期孩子自我新身份的逐渐确立。

各国虽然面临的挑战与采取的策略不尽相同，但都在努力实现学前班与小学 1 年级课程内容、教学方式等方面的一致性，具体措施见表 3-6。

表 3-6 OECD 国家幼小衔接课程与教学面临的挑战与应对策略①

挑战	策略
课程不一致	开发整合课程框架和国家指南；因地制宜
缺乏对其他学段教学的理解	改革课程，确保更好的教学持续；为教师合作提供机会；在小学体现儿童的主体地位
教学方式不一致	确保教学结构一致；创建合作学习策略

（三）加强教育公平

在人力资本越发重要的当下，如何全面充分地发挥每个公民的价值对国家发展非常重要。OECD 国家普遍关注教育公平对个体发展的影响，主要体现在对处境不利儿童的帮扶。根据《强势开端Ⅴ：幼小衔接》的标准，弱势幼儿群体主要包括 4 类：家长低收入低学历、移民或土著、居住在低收入区域、残疾儿童。OECD 研究显示，对比那些处于有利处境的幼儿，处于不利处境的幼儿更有可能没有接受学前教育或接受的是质量较低的学前教育，这增加了他们遭遇幼小衔接失败的风险。例如，澳大利亚的一项调查显示，残疾儿童接受学前教育的比例显著低于正常儿童。美国开端项目的研究也发现，来自低收入家庭

① 张静．经合组织《强势开端Ⅴ：幼小衔接》政策述评［J］．世界教育信息，2018，31（24）：68.

和少数族裔的开端计划儿童在幼小衔接中面临更大的挑战。OECD 通过 PISA 项目的研究同样发现，如果社会经济地位有利的儿童没有参加学前教育，他们未来在数学表现上低水平的可能性为 8%；然而，如果社会经济地位不利的儿童没有参加学前教育，他们未来在数学表现上低水平的可能性高达 25%。因此，为处于不利处境的儿童提供充分的支持以帮助他们经历更高水平的幼小衔接并缩小与同龄人之间的差异，对于改善他们的未来学业成就具有重要意义。

OECD 国家对弱势幼儿群体的支持主要是为处境不利儿童的家长提供帮助，如奥地利联邦教育局和妇女事务部联合为家长制作了一份名为《欢迎来到学校》的刊物，介绍科学衔接的知识和家庭教育技能；2016 年英国威尔士推出名为“准备学习”的项目，向目标群体提供各种教育资源；澳大利亚长期开展一项针对幼小衔接的家庭教育计划，旨在提高弱势群体家庭的参与度。上述措施在很大程度上更新了弱势群体家长的教育理念，提高了其参与儿童幼小衔接的积极性和自信心，对儿童语言发展、社会和情感发展的影响尤其明显。①

三、OECD 幼小衔接的启示

我国教育部在 2021 年颁布出台了《指导意见》《幼儿园入学准备教育指导要点》与《小学入学适应教育指导要点》，明确为幼小衔接提供了政策上的支持，然而我国的幼小衔接工作还有很多需要完善的地方，这也需要我们借鉴 OECD 幼小衔接的相关经验。

（一）完善制度建设，充分发挥政府的作用

OECD 各成员国十分重视教育，采取了多项措施来确保幼小衔接的顺利进行，如把学前班教育纳入义务教育体系，使其成为强制性、免费性的教育等。政府的强力介入可以为幼小衔接改革带来自上而下顺利推行的保障。

（二）做好课程与教学的一致性与连续性设计

课程是幼小衔接的核心部分。OECD 中教育先进的国家大多在学前班课程设置和教学方法上与小学阶段保持连续性，在对两个学段教学目标进行清晰划分的基础上寻找交叉点，使教学呈现一种逐渐深化、逐渐学科化的特点。我国

① 刘柃采．《强势开端Ⅴ：幼小衔接》的研究［D］．昆明：云南师范大学，2019.

学前教育界可以根据儿童的身心发展特点，组织相关专家编订系统、科学、连贯的幼小衔接课程，让幼儿园大班和小学1、2年级使用。

（三）基于儿童视角，制订相应衔接方案

儿童是幼小衔接的主体，幼小衔接应该以儿童为中心，给予儿童一定的话语权和参与权。以芬兰为代表的北欧国家在幼小衔接中聆听儿童声音的做法值得我们借鉴。首先，幼儿教师要以儿童的视角看待儿童，主动倾听儿童的声音，要关注幼小衔接中儿童的个性、独特性、参与性，通过作品创作、与儿童对话等方式了解儿童在幼小衔接中的兴趣、需求和困惑，并进行针对性的教育，如开展主题活动等，帮助儿童缓解内心的焦虑。其次，幼儿园教师要引导家长树立正确的幼小衔接观念，如可以建立家长学校，开展家庭教育讲座，引导家长更新自己的教育观念，使家长关注儿童的心理变化，从而采取科学合理的方法指导和帮助儿童。最后，幼小衔接不能只注重儿童智育或某个方面的发展、忽视德智体美劳全面协调发展，而应该兼顾个体差异，全面衔接，既要重视儿童的知识、技能等智力品质的培养，又要注重儿童的社会交往、行为习惯、态度价值观等非智力品质的培养，使儿童做好全方位的准备。

（四）调动各利益相关方的积极性，做好幼小衔接生态建设

幼小衔接并非幼儿的任务，也非政府或家庭的责任，而应由多个主体共同作用、相互配合，这就需要政府充分发挥带头作用，积极引导家庭、幼儿园、小学、社区、教育行政部门以及相关的组织和机构参与其中，使其发挥各自独特的优势。从教育生态系统观的角度出发，幼儿本身仅处于生态圈的最内层，其发展必然受到中间系统、外系统、宏观系统的影响。因此，缺少多方参与的幼小衔接必然是片面的幼小衔接，或者导致幼儿承担所有压力的问题，使幼儿厌学，或者导致幼儿园单方面向上适应小学，产生小学化的问题，或者导致教育机构乏力、家庭缺位而无法形成协同育人的问题，或者导致政策形式完备，但由于宣传不到位、培训不到位而执行走样的问题，等等。良好幼小衔接生态的行程必须依赖多方的共同努力。

（五）加强师资建设，发挥教师的专业优势

如果课程是教育改革的最后一公里，那么教师就是落实这一公里最重要的实践者。针对性地加大职前职后教育，有助于教师正确理解幼小衔接政策和科

学衔接相关理论，形成以教师为核心的宣传者和执行者。可以说幼小教师的素质关系到幼小衔接教育的质量。首先，要明确幼小教师的教师资格，OECD 很多国家采取教师资格跨学段适用的模式，即幼儿园教师和小学教师都应当具备幼小过渡所需的知识及教育实践经验，能够胜任学前一年至小学 1、2 年级的教育教学活动；其次，提高幼儿园教师的待遇，做到幼小一致，以便吸引更多资历较好的教师或师范生从事幼小衔接工作；再次，加大培训力度，在师范院校设置幼小衔接相关课程，职后培训除加强专项培训外，还要加强两个学段的协同教研，增进幼小教师对彼此教育教学场景和特点的了解。

（六）兼顾公平与差异，合理衔接

只有根据不同儿童的个性特点、具体情况进行幼小衔接，才能体现真正的教育公平。芬兰幼小衔接的做法就充分维护了处境不利儿童的受教育权利。这启示我们，在幼小衔接中要关注处境不利的儿童，如特殊儿童、家庭困难儿童、留守儿童、流动儿童等。有关部门可以采取相关措施，为处境不利儿童提供经济援助、项目补偿和家庭支持，如设立专项教育基金、根据家庭情况合理收费、为贫困地区挑选优秀教师等，使处境不利儿童的受教育的基本权益得到保障；同时教育部门要推动义务教育的优质均衡发展，保证入学机会的平等；而且教育部门和相关部门要做好面向学前儿童的校外培训治理工作，严禁各种机构和组织以学前班、幼小衔接班等名义对学前儿童开展学科类培训，要在社会上加强宣传和舆论引导，澄清社会各界对幼小衔接的错误认识，为幼小衔接营造一个良好的社会环境。

第四章　幼儿园科学入学准备教育实践

第一节　幼儿运动能力水平调研及教育实践

大班幼儿正处于身体和心理发育、发展的重要时期，身心健康对儿童而言意义重大。根据《幼儿园入学准备教育指导要点》的要求，在幼小衔接阶段的幼儿的身体健康方面，应多培养他们的运动习惯、动作协调能力。具体来讲，幼儿应积极参加多种形式的户外活动，并能连续参加体育活动半小时以上，使其大肌肉运动和精细动作都有进步。幼儿心理健康主要包括健全的人格和健康的心理因素两部分，从这方面来讲，幼儿应有上小学、积极入学的期待，情绪良好，能恰当表达和调控情绪。围绕这些要求，本书对承德市四幼大班幼儿进行了运动能力观察及测量。

一、大班幼儿运动能力调查研究

运动能力是幼儿身心准备的重要组成部分。20 世纪末以来，世界各国先后颁布了相关法律法规或幼儿教育政策，以提高幼儿体育运动能力和身体素质。我国 2001 年颁布的《幼儿园教育指导纲要（试行）》指出，幼儿阶段是儿童身体发育和机能发展极为迅速的时期，也是形成安全感和乐观态度的重要阶段。良好发育的身体、愉快的情绪、强健的体质、协调的动作、良好的生活习惯和基本的生活能力是幼儿身心健康的重要标志，也是他们在其他领域学习与发展的基础。我国幼小衔接教育界知名的理论研究者和实践者钱志亮教授在《入学早知道——儿童入学必备的八种能力》一书中提到，导致孩子运动能力不足的原因包括保胎、剖宫产；“襁褓期”延长；家长（尤其隔代老人）过度保护；家长繁忙，将孩子交由“电视保姆”；幼儿园教育中偏重认知、轻视孩子运动的教学指导思想；等①。一言以蔽之，现阶段的幼儿从小缺乏运动或活动机会，尤其缺少自由活动和剧烈运动的机会。科学的幼小衔接绝非单指幼儿的学科类知识的衔接，也包括幼儿运动能力的充分准备。

本研究通过观察法和测量法对承德市四幼大班 32 名幼儿的运动能力进行了一学期的调查研究，主要采取参与式观察法和测量法。参与式观察法是研究者携带自编结构式观察表，对幼儿在集体活动和户外活动中的运动协调能力、大肌肉发展状况、精细肌肉发展状况是否良好展开有序观察和记录；测量法是研究者将钱志亮的儿童入学成熟水平诊断量表作为测量工具，通过幼儿在投掷沙包、倒退走、数五、跳绳、夹笔帽、解鞋带和系鞋带、翻掌测验、拍手拍腿、金鸡独立、写名字这 10 个动作/运动的表现，来判断其运动协调能力的水平。最后在了解幼儿运动协调能力现状的基础上，与幼儿园合作进行相应的能力提升教学活动设计。

（一）参与式观察法的结果与分析

研究者对 32 名幼儿进行了为期两个星期的观察和记录，主要运用自制观察表和现场速记的方式进行观察并做好观察记录。观察的详细内容见表 4-1。观察结果显示，幼儿在平时活动中平衡能力较好，但大肌肉的发展和精细肌肉的发展仍需加强。

表 4-1　大班幼儿日常运动能力观察维度

运动能力类型	需要观察和记录的幼儿行为
大肌肉发展	幼儿能够熟练地向前走、向后走、侧身、爬行、跨越障碍、跳跃、抛接，手眼协调
精细肌肉发展	幼儿可以熟练地使用筷子、剪刀，系鞋带，插蛋糕，叠衣服，描红
平衡能力发展	幼儿能在斜坡、荡桥和有一定间隙的物体上平稳行走，能以手脚并用的方式安全地攀爬，能躲避他人滚过来的球或沙包

① 钱志亮．入学早知道：儿童入学必备的八种能力［M］．北京：北京师范大学出版社，2011：86.

需要说明的是，幼儿身体发展水平并不仅仅局限于生理能力方面。根据加拿大学者提出的儿童身体素养理论，身体素养的培养应该与培养幼儿运动兴趣、动作技能、运动自信相结合，幼儿在这 3 个层面的积极体验有助于形成一种良性循环的运动生态。① 这一运动生态被称为苹果模型（见图 4-1）。苹果模型展现了身体素养与积极主动游戏的紧密关系。身体素养是苹果模型的核心，外层是身体素养的 3 大目标，即渴望运动（兴趣）、运动能力（技能）、运动自信（自我效能感），果核的最外层是以“积极主动游戏”为主的身体素养提升方法，幼儿在好奇心，探索发现，多变练习，积累经验、建立自信的生态循环中获得发展。因此在入学准备的过程中，围绕幼儿身体素养的提升活动必须增加“运动兴趣”“运动自信”两个新维度，将儿童的身体、认知、社交和情感方面的全面发展作为一个整体进行考量。

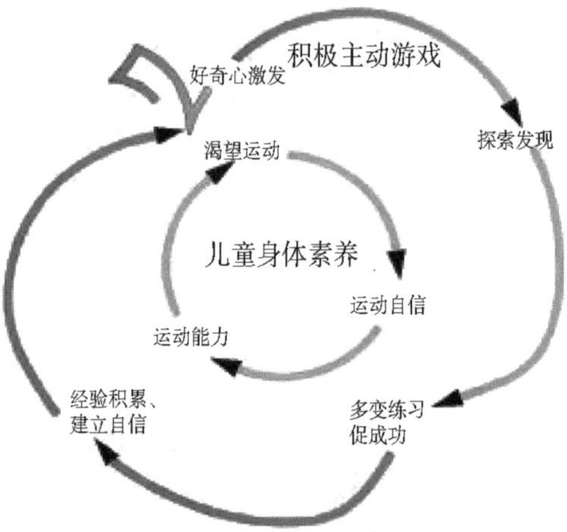

图 4-1 苹果模型②

通过访谈笔者了解到，该园经常组织的体育活动依次为运动游戏、幼儿体

① 宁科，王庭照，胡碧升．身体素养在幼儿体育教育中应用的国际化解读［J］．青少年体育，2020（03）：138.

② 唐文婷．天津市 3—6 岁儿童身体素养现状与促进对策研究［D］．天津：天津体育学院，2023.

操和自主运动。在集体教研和讨论交流后，该园教师普遍认可苹果模型所蕴含的幼儿身体素养培育理念。老师们指出，自己平时在组织体育活动时，会有意识地激发幼儿的创造力，培养幼儿的想象力，比如常见的沙包游戏，就会被幼儿开发出很多新的玩法，很好地体现出预设目标与生成目标的有机融合。而且该园十分注重食育，老师们认为未来可以在食育活动中有目的地增加膳食营养常识，提高幼儿保养身体的知识储备。总体而言，这 32 名幼儿对运动均表现出较强的兴趣，积极参加各种运动，在跑和跳方面，整体性表现最好。为了更好地了解幼儿运动能力的水平，研究者又进行了针对性测量。

（二）运动能力测量的结果与分析

为不影响幼儿园的正常保教活动，本研究对 32 名幼儿的测量主要在户外活动时间进行，测量内容见表 4-2。按量表的规定，根据幼儿的动作完成度进行评分，准确规范地完成动作为 1 分，动作笨拙不协调不计分。本次测量结果与连续观察结果基本一致。

表 4-2 大班幼儿运动能力测量结果

测量项目	测量内容①	动作规范准确（名）	动作不协调（名）	规范率
投掷沙包	要求被试者站在离墙 2 米处，左手前平举，右手拿着沙包从头上投掷出去并击中墙上的目标	13	19	41%
倒退走	要求被试者足尖对着足跟倒退走，目标长度为 2 米	22	10	69%
数五	要求被试者张开手，由大拇指到小拇指依次合上至握拳，再由小拇指至大拇指依次展开	23	9	72%
跳绳	按照指令跳绳，连续跳 3 个以上为合格	15	17	47%
夹笔帽	要求被试者把两支笔的笔帽取下来，然后用两支笔的笔尾夹起 3 个笔帽（一次夹一个）并放在一个笔筒中（鸡蛋大小）	17	15	53%
解鞋带和系鞋带	要求被试者解开鞋带（教具），再把鞋带系起来	14	18	44%

① 钱志亮．儿童入学成熟水平诊断量表［M］．北京：北京师范大学出版社，2016：69-87.

续表

测量项目	测量内容①	动作规范准确（名）	动作不协调（名）	规范率
翻掌测验	要求被试者双手前平举，一掌心向内，一掌心向外，同时转动双掌，反复4次	23	9	72%
拍手拍腿	要求被试者双手向前，一手迅速放下去拍同侧大腿后击掌，然后另一只手也迅速放下去拍同侧大腿后击掌，反复6次，测量过程中要求被试者身体尽量不要晃动	24	8	75%
金鸡独立	双臂平举，闭上双眼，将一只脚抬起，测量被试者能够保持多长时间	19	13	59%
写名字	请被试者在田字格里工整地写下自己的名字	25	7	78%

本次测量结果显示，幼儿在写名字这个项目上表现最好。78%的幼儿能够按要求将自己的名字正确、工整地写在田字格中，少数幼儿不能正确书写自己的名字或田字格占位不正确。这个结果一方面说明多数幼儿前书写能力发展得很好，能够较为规范地书写横、竖、折，另一方面说明知识教育（书写教育）确实存在。幼儿表现较好的项目还有拍手拍腿，有75%的幼儿能够按要求完成，但研究者观察到幼儿的手上动作大多都可以完成，但做动作的过程中身体也在不停地晃动；未能正确完成的幼儿部分因为动作顺序有误，部分因为次数做错，说明幼儿的注意能力和短时记忆能力有待提高。

幼儿表现较差的项目有投掷沙包、跳绳、解鞋带和系鞋带，规范完成的比例均不足50%。需要说明的是，幼儿投掷沙包的动作较为标准，但能够准确击中墙上目标的人数并不多，说明幼儿上肢大肌肉需要加强训练、手眼协调（视知觉转换能力）需要加强。跳绳的问题主要表现为动作的不连贯，幼儿一般都是甩绳子后再双脚起跳。经询问幼儿园得知，幼儿园户外活动设有跳绳训练，老师也示范过正确的动作，幼儿表现差或许与在家缺少练习有关。另外观察者发现，部分幼儿落地很重，不能较好地控制身体。在解鞋带和系鞋带项目中，无论男孩还是女孩表现都不太好，无法完成该项目的部分幼儿完全不能独

① 钱志亮．儿童入学成熟水平诊断量表［M］．北京：北京师范大学出版社，2016：69-87.

立解开鞋带，部分幼儿解开后不会打结，或者打成死结，说明幼儿在日常生活中较少接触或练习系鞋带的机会，这或许与幼儿园要求幼儿穿粘扣鞋有一定的关系，同时也暴露出幼儿自我服务技能不足、手指灵活性不高的问题。整体而言，这 3 项规范率较低的运动说明幼儿的大肌肉训练亟待加强，从家园共育的角度讲，幼儿园应加强宣传，使家长意识到提高幼儿运动能力的意义和价值，并帮助家长掌握一些常见的幼儿体育方法。

除以上表现分化较为明显的项目外，数五、翻掌测试、倒退走、金鸡独立、夹笔帽这 5 项运动的规范率逐项降低，并有一些值得报告的现象。在数五测量过程中笔者观察到，表现不规范的幼儿只能完成手指依次合上握拳的动作而不能协调地做出手指依次展开的动作。在翻掌测试中，绝大多数的不规范并非因为幼儿手掌不能同时协调地向内或向外翻，而是因为其手掌初始的方向不对，说明幼儿观察力和注意力有待针对性训练。倒退走的过程中，部分幼儿脚尖与脚跟并未按要求对齐，部分幼儿经提示后会努力对齐，但身体摇晃得非常明显，与此类似的还有金鸡独立，幼儿身体摇晃明显，难以保持平衡。这两项说明部分幼儿的核心力量不足，难以支撑对协调性有较高要求的动作。夹笔帽的规范率为 53％，观察显示，部分幼儿由于使用笔尖而不是笔杆去夹而导致夹取失败，部分幼儿因笔杆未对齐而失败，部分幼儿因混用笔尖和笔杆而失败，这些现象说明部分幼儿在研究者做示范时注意力不集中或不懂得观察的策略，也说明幼儿平日使用筷子的能力不佳，手指肌肉不够灵活，协调性差。

二、幼儿运动能力入学准备存在的问题

（一）幼儿园创设运动环境不充分

受到场地限制，除晨操、课间操等排列较为密集的集体活动以外，承德市四幼园内仅能同时容纳两个班进行户外活动，幼儿进行活动时，教师通常会为了完成既定教学任务而重点关注幼儿对运动技能的掌握及运动的可视化效果。尽管幼儿户外活动时精神状态非常好，但按下加速键的体育活动不利于幼儿通过体育运动充分获得多重感官刺激、经验积累和充分享受运动乐趣。有限的场地和快节奏的活动方式对幼儿运动协调能力的发展帮助有限，并有可能使幼儿对运动产生抵触情绪，因为他们没有充足的时间试错和自我纠正，这会影响幼

儿运动自信的形成。

（二）教师缺少提高幼儿运动能力的专业知识

承德市四幼的教师偏重于组织体育集体活动，或通过一些大型教具训练幼儿某些运动技能。但是总的来讲，受器材和场地的限制，教师对幼儿体育的兴趣度远低于室内活动。一些教师为了减少意外事故的发生，甚至有意减少户外活动。部分教师认为一些爬高的运动会使幼儿受伤，不好给家长交代，所以会减少让幼儿自主攀爬的活动。我们虽然可以理解这种“自以为负责任”的做法，但并不赞同。这一方面说明教师对《幼儿园教育指导纲要（试行）》《3—6 岁儿童学习与发展指南》的要求认识不到位，另一方面反映出教师因为缺少幼儿运动协调能力的相关专业知识、技能而怯于组织体育活动。

（三）幼儿园运动设施、教具种类有限，数量不足

在幼儿园中最常见的器材就是滑梯、攀爬架、自行车，但单一的、一成不变的运动器材会降低幼儿的兴趣点。而且如前文所述，对于一些高的攀爬架，家长和教师出于“保护儿童”的目的也限制幼儿使用，这就进一步降低了幼儿的选择性，对儿童的灵敏、平衡、协调性发展会产生不良影响。集体户外活动以操类为主，难以对跑、跳、投、接、踢等动作能力的发展形成有力支撑，幼儿的大肌肉发展受限。回到室内，有助于锻炼小肌肉的玩教具只有磁力片和积木，儿童也容易产生厌倦感。过分熟悉玩教具，也难以激发出幼儿更多的操作创意。

（四）家长对幼儿的运动能力发展不够重视，家长和幼儿园沟通少

近年来，随着“双减”“去小学化”“科学幼小衔接”政策的宣传和落地，家长们逐渐接受了“抢跑有害”“幼小衔接教育不等于知识准备教育”等科学理念，但对幼小衔接到底应该准备什么，多数家长并没有清晰的认识。“身体准备”“运动协调能力提升”等更是在家长认知领域之外。承德市四幼从未将“运动协调能力提升”作为家长学校的主题，粗略的大范围调查得到的也是类似的结果。少数家长会给幼儿报篮球、网球、轮滑、跆拳道、游泳等课外兴趣班，但这些商业化的体育训练很难系统地提高幼儿的运动能力。显然在“身体准备”方面，幼儿园和家长沟通少，这对幼儿的生长发育是不利的。

（五）幼儿园与小学存在低效甚至无效衔接

在我们的调研中，绝大多数幼儿园都与结对子的小学组织过“校园一日游”或“我要做小学生”等参观活动，但无一例外地都将活动的主要地点安排在教室里，并且没有任何关于“运动主题”的内容。幼儿对“上学”的直观印象局限于“我要坐端正，认真听讲”。不少幼儿参观完小学之后出现失落感，因为他/她不知道上学以后可以到什么地方玩。调研的幼儿园老师没有系统学习过《义务教育体育与健康课程标准（2022 年版）》（下文简称《22 版体育与健康新课标》），对幼儿入学准备阶段应当形成哪些体育与健康核心素养完全没有概念。这种情况导致幼儿园的体育活动难以有效对接小学，幼儿进校后容易产生不适感。比如在本次调研中幼儿表现欠佳的协调、平衡、运动耐力（体能）正是小学体育的重要内容（表 4-3）。从幼小双向衔接的要求出发，本研究也访谈了 3 位小学体育老师，3 位教师对《22 版体育与健康新课标》中核心素养体系比较熟悉，但对落实其中的“在 1 至 2 年级，重点通过体育游戏发展学生的基本运动技能”的要求感到比较难。

表 4-3　幼儿园、小学阶段幼儿运动能力指标对照表

一级指标	二级指标	
	入学准备	《22 版体育与健康新课标》
体育品德	喜欢运动，坚持每天锻炼，不叫苦、不怕累	体育精神、体育道德、体育品格
运动能力	能连续参加体育活动半小时以上，发展大肌肉动作（能完成走、跑、跳、钻、爬、投掷、平衡等基本动作，动作协调灵敏）	体能
	手部动作协调（基本能够完成诸如剪、折、揉、压、粘等精细动作）	基本运动技能、专项运动技能
	器械操控（能完成简单的器械操控，例如踢球、投篮、拍球、跳绳等）	
	感知动作发展（进行手、眼的协调配合活动）	

三、幼儿园改进幼儿运动能力入学准备的策略

（一）营造自由的活动氛围，增强幼儿主体性

幼儿园应因地制宜地充分利用场地，抛弃对大型室外运动器材的依赖，很多传统的体育游戏也可以非常好地锻炼到幼儿的大肌肉和身体平衡性。园方应当有在环境创设中增加运动要素的主动意识，给幼儿营造一种自由的活动氛围，让幼儿感觉到自己是这项体育活动的主体，可以自由支配自己的运动时间，使幼儿更好地体会到运动的乐趣。

（二）加强职后培训，提升教师专业素养

教师应该及时补充专业知识，了解该年龄阶段幼儿应掌握的运动技能，积极参加幼儿园组织的培训活动；制订详细的周计划和月计划，并交由幼儿园审核，发在班级群里以供家长了解，并严格按照计划来执行活动。教师在安排幼儿进行户外活动时不要畏首畏尾，主动与家长沟通，获得家长的支持。在担心孩子的安全问题的同时要紧抓幼儿的运动协调能力的发展，将活动的主体地位还给幼儿。教师还要多给幼儿选择一些适合幼儿的运动器械，使幼儿的选择更加丰富。

（三）家长要重视幼儿的运动能力并主动与幼儿园沟通

首先，幼儿园要充分利用家长学校，介绍科学的幼儿运动观。调研发现，在家长中普遍存在着“不生病就等于体能好”的误解，实际上二者并不能画等号，体能好、运动能力好的意义远超“不生病”，它更是幼儿高效学习的基础，涵养积极情绪的基础，提高直觉转换水平的途径，只有持久的、正确的运动才能发掘人的潜能。其次，要鼓励家长根据孩子的年龄阶段和身体发育状况为孩子安排合适的运动和合理的运动量，既不能让孩子长期待在家中，也不能过度训练。最后，应为家长介绍科学的亲子运动，指导家长尊重幼儿兴趣，“儿童本位”同样适用于幼儿家庭运动。

（四）幼儿选择多样化，运动方式和器械多样化

首先，我们应改变幼儿园里以滑梯为主要器材的现象，减少大众的、趣味性低和探索性低的玩具，增加幼儿的选择性。如前文所述，不迷信器械，很多无器械的运动也能很好地发展幼儿体能、锻炼大肌肉，幼儿园应主动探索。其

次，在室内活动中多投放一些适合幼儿的、可以锻炼幼儿精细肌肉发展的玩具，并定期轮换，例如穿针引线、解扣子和系扣子与一些布偶书等都可以增加幼儿的动手操作能力。最后，要同时兼顾幼儿多方面的发展，做好健康领域的活动计划，兼顾幼儿体能、大肌肉、精细动作的发展和平衡能力的发展。

（五）促进幼儿园与小学的有效衔接

组织运动领域的专项幼小衔接活动，或者在校园体验活动中，有目的地向幼儿介绍小学的运动设施、运动项目、运动特点等，提高幼儿对小学体育活动的心理准备和向往。协同教研活动中，幼儿园与小学教师也应设置体育与健康方面的专题沟通，互相分享各个年龄阶段的幼儿的身心发展规律，深入研讨“游戏化”教学模式。平日教研中，幼儿园应主动学习新课标，小学应主动学习《3—6岁儿童学习与发展指南》，了解两个学段在体育与健康方面的教学目标与要求。幼儿园可以在平时活动中逐渐渗透小学的体育项目，帮助幼儿认识完整的运动体系、养成良好的运动习惯，为幼儿适应小学体育运动打下基础。

第二节 幼儿社会适应水平实证研究及教育实践

幼儿升入小学时面临的诸多不适应很大一部分是社会适应准备不足，科学做好大班幼儿社会适应教育能促进幼儿的任务意识、规则意识、交往合作能力和集体归属感等社会性方面的发展，对幼儿顺利适应小学生活具有促进作用。

社会适应是指个体在与社会环境相互作用中，不断地学习或修正各种行为和生活方式，最终达到与社会环境保持和谐与平衡的过程，同时也是个体逐渐接受所在社会群体的生活方式、行为规范和价值观的过程。[①] 具体到幼儿教育领域，幼儿社会适应教育活动是幼儿园社会领域教育活动的内容之一。幼儿园社会教育活动是指教师通过制订教育活动目标、确定教育活动内容、选择教育活动方法以及对教育活动效果的评价，促进其社会认知、社会情感和社会行为等方面健康发展的过程。《3—6岁儿童学习与发展指南》也明确指出：“5至6岁的儿童有自己的好朋友，也喜欢结交新朋友；能想办法吸引同伴和自己一起

① 张明红．学前儿童社会教育［M］．上海：华东师范大学出版社，2008：43.

游戏；活动时能与同伴分工合作，遇到困难能一起克服；与同伴发生冲突时能自己协商解决；知道别人的想法有时和自己的不一样，能倾听和接受别人的意见，不能接受时会说明理由；不欺负别人，也不允许别人欺负自己。”①

本研究对幼儿社会适应能力的调研以邢台市D园的40名大班幼儿为样本，通过对这40名幼儿进行观察及社会适应成熟度测量，结合对教师的访谈，较为全面地了解了该园大班幼儿的社会适应能力现状。研究结果显示，D园大班幼儿社会适应能力发展不均衡，其中情绪表达、同情心、亲子冲突、师生冲突、分享、自我管理、服务他人、文明礼貌这8种能力发展较好，而自我效能、自我控制相对而言发展缓慢。影响D园大班幼儿社会适应能力发展的原因主要是教师缺乏培养幼儿社会适应能力的知识储备；家长缺乏正确的教育观念；家园共育形式单一，效果有限；幼儿园与小学存在沟通屏障；幼儿园社会领域活动内容不够新颖，缺乏深度。针对上述问题，本研究提出了相应的优化提升策略。

一、幼儿社会适应准备水平调查研究

幼小衔接视角下，大班幼儿社会适应教育活动的内容主要包括大班幼儿时期存在的特有的现象、事实、规则及问题等基本部分。因此，本研究对幼儿社会适应准备水平的研究分为3部分。

（1）行为观察。使用自编结构式观察表，对幼儿进行参与式日常事件取样的观察与记录。内容大致包括：幼儿生活自理行为表现、人际交往行为表现、独立做事行为表现以及适应班级规范行为表现。在本班幼儿开展活动之前，在不干预幼儿互动和教师工作的基础上对幼儿进行观察，记录幼儿在自然状态下社会行为发生的情况，基本做到完整记录幼儿行为发生的整个详细过程。

（2）量表测量。本次调研使用钱志亮制作的儿童入学成熟水平诊断量表，量表将幼儿社会能力适应的内容划分为以下10个方面：自我效能、情绪表达、同情心、亲子冲突、师生冲突、分享、自我管理、服务他人、文明礼貌、自我

---

① 教育部．教育部关于印发《3—6岁儿童学习与发展指南》的通知[EB/OL]．[2023-08-20]．http://www.moe.gov.cn/srcsite/A06/s3327/201210/t20121009_143254.html.

控制。[①] 该量表的内部一致性系数为 0.857，各个因素之间的相关均在 0.184 至 0.504 之间，呈中等程度相关，各个因素与总分之间的相关均在 0.501 至 0.799 之间，存在较高相关。这说明本量表具有较好的结构效度。

（3）结构式访谈。针对观察结果设计了专门的访谈提纲对教师进行访谈。访谈时间主要是在观察结束后，针对那些社会适应行为表现较突出的问题对教师进行访谈，一方面是为了寻找幼儿社会适应行为问题背后的深层次原因，另一方面是为了检测幼儿教师对幼儿社会适应能力培养的效果。

（一）观察的实施与结果

观察集中在各种集体活动中，例如社会领域活动、早中晚餐、区域活动、户外活动等。观察主要运用自制观察表，记录幼儿在一日生活中发生的事情，采用现场速记的方法全天候进行观察并认真做好观察记录，观察持续了两周时间。

本次观察关注 10 项典型的幼儿社会行为，分别是自我效能（是否有做某事的自信）、情绪表达（生气时如何控制情绪）、同情心（是否安慰同伴）、亲子冲突（能否处理好与父母的关系）、师生冲突（是否服从教师的安排）、分享（是否产生分享行为）、文明礼貌（能否与老师、同伴主动打招呼）、自我管理（是否自己的事情自己做）、服务他人（是否有服务他人的意识与行为）、自我控制（是否有自制力）。当幼儿出现某种典型的社会性行为时，便在观察表相应的行为下画正字，粗略得到大班幼儿典型的社会性行为观察数据。

还有一观察表主要用于观察与记录社会领域活动中幼儿回答问题的表现，以此了解幼儿在社会活动中的状态和积极性。回答问题的类型分为主动回答（主动举手回答教师提出的问题）、被动回答（未举手但是被教师要求回答问题）、不回答（未独自与教师进行问答），若幼儿出现某种行为，便在此行为下标注数字。

根据对 D 园大班幼儿进行的观察记录，在 14 天的观察过程中，情绪表达行为出现在一日生活中的次数最多，共出现 41 次，占典型社会性行为次数总数的 14.2%；同情心行为也是幼儿一日生活中出现较多的行为，共出现 40 次，占总数的 13.9%；在师生冲突方面表现为与老师顶嘴、犯错后不敢看老

① 钱志亮．儿童入学成熟水平诊断量表［M］．北京：北京师范大学出版社，2016：141-159.

师、主动承认错误，一共出现了35次，占总数的12.2%；自我管理方面表现为自己的事情自己做，也出现了35次，占比12.2%；文明礼貌出现了29次，占比10.1%；亲子冲突出现了28次，占总数的9.7%；分享行为出现了24次，占总数的8.3%；服务他人行为出现了21次，占总数的7.3%；自我控制行为出现了18次，占总数的6.2%；自我效能行为出现了17次，占比5.9%。

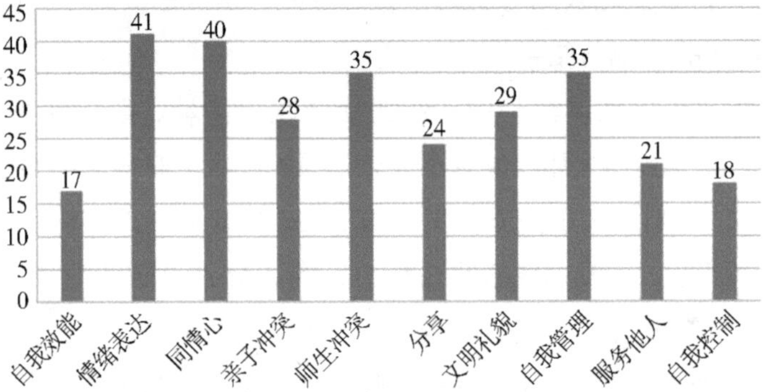

图4-2 幼儿社会适应行为频数统计

从图4-2可以清晰地发现，情绪表达、同情心、分享及自我管理是幼儿最常出现的社会行为。情绪表达与同情心方面的行为贯穿于幼儿的一日活动，分享与自我管理方面的行为主要体现在集体教育活动中或是区域活动中。自我效能和自我控制方面的可观察行为最少。以自我效能为例，遇到自己难以解决的问题时幼儿往往出现向老师求助的行为，并直接表示“我不能”“我不会”，这从一定程度上说明幼儿有较强的依赖性，以及面对挑战自信心不足。

（二）测量的实施与结果

使用量表测量前，测量员受过训练，能够正确实施测量。正式测量前，测量员也在各种情境下向幼儿解读了测量题目，保证幼儿能够在正式测量时正确理解题意。本研究对40名幼儿在10项社会适应能力测验中的表现及得分进行了统计，得分从高到低依次为情绪表达、同情心、文明礼貌、分享、师生冲突、亲子冲突、自我控制、自我效能、服务他人、自我管理。总体来讲，女孩得分稍高，在得分整体偏低的自我管理、服务他人、自我控制 3 项中的表现也好于男孩。幼儿在 10 个典型社会适应行为测量中的表现见图 4-3。

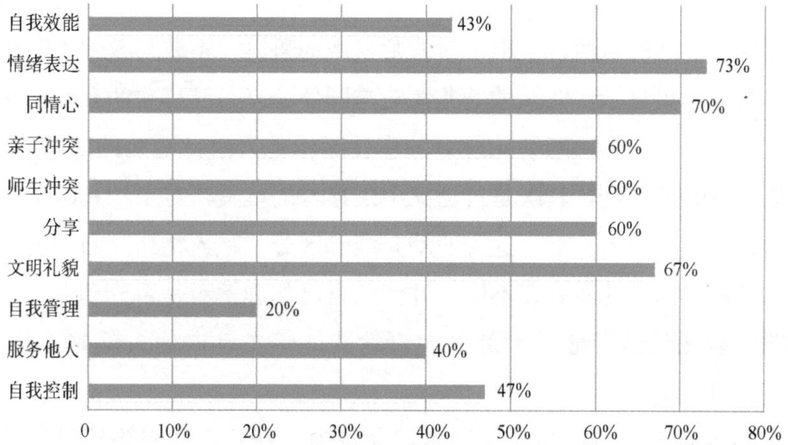

图 4-3 幼儿社会适应能力测量结果

测量题目中很多涉及遇到分歧或利益冲突时幼儿会如何反应的内容。在本次测量的幼儿自述中，他们自觉更擅长“情绪表达”“同情心”和“文明礼貌”。以“情绪表达”为例，指导语如下：“有小朋友在玩儿的时候不小心撞倒了你，你摔得很疼，你会怎么办？你是推他一下还是向他表达你的不满？如果他先向你道歉并说‘对不起’，你会怎么办？”多数幼儿会选择语言沟通，而不是肢体回击，同时也会接受对方的道歉。这说明大班幼儿已经能较好地控制情绪，他们能够识别冲突是否恶意，并做出合适的回应。测量中也有 27％的幼儿表示不原谅对方，会向对方发脾气、警告对方等。以下是本次测量结果的一些具体情况。

同情心测量结果显示多数大班幼儿有同情心，70％的幼儿会排除厌恶心理而选择扶起同伴，并关心他们的伤势，而 30％的幼儿的同情能力较差，厌恶心理占据上风，他们不会扶起摔倒的同伴。也有幼儿认为自己讨厌的人摔了是活该，甚至感到高兴。

亲子冲突测量结果显示，有 60％的幼儿会选择在自己拿不定主意时与父母沟通内心的想法，40%的幼儿出于恐惧或其他压力不会与父母沟通内心的想法。

师生冲突测量结果显示多数幼儿敢和教师主动沟通，在师生冲突发生后，幼儿都希望保障自己的权利，所有 40 名幼儿都向测量员表达了要回自己喜欢的东西的愿望。有 60%的幼儿想与教师进行沟通，并要回自己喜欢的东西，40%的幼儿想要回自己的东西，但出于对教师权威的恐惧，不敢与教师表明想法。

分享测量结果显示，60%的幼儿愿意与同伴分享自己喜欢的东西，40%的幼儿不愿意分享。进一步追问幼儿愿意分享什么给他人时，幼儿的回答非常多样，最不愿意分享的是食物，其次是自己家中最喜欢的玩具，对于幼儿园里的玩具绝大多数幼儿愿意与他人分享。这说明幼儿能够区分“私人物品”和“公共物品”，懂得自己对不同物品的所有权不同，并依照自己的理解对是否分享做出判断。

文明礼貌测量结果显示大部分大班幼儿能够主动向他人问好，只有 33%的幼儿不主动问好。

测量的最后 3 方面行为涉及很多日常行为，幼儿需要报告能够完成至少 5 项才可以得分，5 项以下不得分。题目指导语及幼儿回答情况见表 4-4。

表 4-4 幼儿自我管理、服务他人、自我控制能力测量结果

测量维度	题目指导语	幼儿回答情况
自我管理	1. 你可以自己一个人吃饭吗？ 2. 你可以自己一个人穿衣服吗？ 3. 你每天晚上都是自己一个人睡觉吗？ 4. 你上完厕所后可以自己擦屁股吗？ 5. 每天早晚刷牙洗脸你可以一个人完成吗？ 6. 每天玩儿完玩具后你会自己把玩具收好吗？ 7. 你的袜子和小手绢是自己洗的吗？	完成 5 项及以上 8 人，完成 4 项 16 人，完成 3 项 13 人，完成 1 至 2 项 3 人
服务他人	1. 跟爸爸妈妈逛商场时你会帮他们拎兜儿吗？ 2. 你每天会帮家里扔垃圾吗？ 3. 吃饭前你会帮忙摆碗筷吗？ 4. 你会帮父母择菜吗？ 5. 你会饭后帮父母收拾碗筷吗？ 6. 你会帮父母擦桌子吗？ 7. 你会帮父母收衣服或叠衣服吗？	完成 5 项及以上 16 人，完成 4 项 8 人，完成 3 项 11 人，完成 1 至 2 项 2 人，1 项都没做过 3 人

续表

测量维度	题目指导语	幼儿回答情况
自我控制	1. 一个小朋友不小心把你绊倒了，你会控制自己不发脾气吗？ 2. 一个比你小很多的弟弟冲你讲脏话，你会让着他吗？ 3. 爸爸妈妈在讲话的时候，你能做到不插话吗？ 4. 在外面玩游戏，大家轮流玩，但是你急着想玩，你会冲上去玩吗？（反向计分） 5. 妈妈告诉你冰箱里面的冰激凌暂时不能吃，她有事出去了，这个时候你会去拿吗？（反向计分） 6. 规定教室里不能吃零食，当大家都不在时你一个人会在教室里吃零食吗？（反向计分） 7. 过马路时你能遵守交通规则吗？	完成 5 项及以上 19 人，完成 4 项 5 人，完成 3 项 11 人，完成 1 至 2 项 2 人，1 项都没做过 3 人

从表 4-4 可以看出，幼儿的自我管理、服务他人的能力都不尽如人意，能够完成 5 项及以上的幼儿都不到一半。中国青少年研究中心“中国城市独生子女人格发展状况调查”显示，在全部调查对象中，20.4%的孩子明确表示“缺少生活自理能力”，18.3%的孩子表示自己“做事依赖别人”，20.4%的孩子“很少帮家长干活”，甚至还有 15.1%的孩子自述“缺少保护自己的能力”。可见如果幼儿园阶段没有养成良好的自我管理、自我服务和服务他人的习惯，会给日后的学习生活带来很多不良影响。教育家陈鹤琴先生曾说“凡是儿童自己能做的，应当让他自己做”，但现在家长大包大揽的问题非常普遍，总以“（孩子）长大就好了”来自我麻痹，殊不知良好的自我管理和服务他人的能力和习惯需要长期的、大量的实践。家长大包大揽看似为孩子着想，实则影响孩子生存能力的发展。

自我控制是另一项非常重要的心理功能，它是指人对自己心理及行为的主动掌控，这种能力能够促使个体自觉选择目标，在没有外界限制的情况下，个体也能克服困难、排除干扰，主动采取某种方式控制自己的行为，保证目标的实现。自我控制是儿童社会性发展的重要内容，对幼儿形成良好的人格品质、建立积极的同伴关系有重要意义。但是本次测量结果并不乐观，能够较好进行自我控制的幼儿仅占 47%，不足半数。幼儿园和家长要加强重视，引导幼儿遵守规则，提高自制力。

二、幼小衔接视角下幼儿社会适应准备存在的问题

《幼儿园入学准备教育指导要点》明确指出，入学准备教育是一个循序渐进的过程，应根据大班幼儿即将进入小学的特殊需要，围绕社会交往、自我调控、规则意识、专注坚持等进入小学所需的关键素质提出科学有效的途径和方法，实施有针对性的入学准备教育。① 幼儿社会性发展与这些关键素养形成了高度对应，但是从本次测量结果看，幼儿显然没有做好准备。

（一）遵守及执行规则的意识与能力较差

根据《义务教育道德与法治课程标准（2022 年版）》，1 年级小学生需要具备法治观念，其中就包括遵守纪律、了解和遵守规则、感知消极情绪并向师长寻求帮助、正确表达自己的感受、自己的事情自己做等要求。比对新课标的要求，可以发现大班幼儿与 1 年级新生相比明显缺乏规则意识。在幼儿园时，教师并不会对幼儿进行较多的且严厉的规则训练，这就会使刚进入 1 年级的新生出现迟到、随意下座、不能遵守固定时间安排等问题。

（二）生活自理能力差

生活自理能力是指孩子在日常生活中照料自己生活、自我服务性劳动的能力，生活自理能力的形成有助于培养幼儿的责任感和自信心。幼儿园时期，幼儿需要养成包括合理安排作息时间和自我管理（包括独立起床、独立穿衣、自己洗漱、可以收拾好自己上学所需要的学习物品）等能力。调研过程中，研究者对幼儿的生活自理能力进行了重点观察，结果显示，生活自理能力差的幼儿不仅独立性不强，而且存在责任情感淡漠的表现。或许这样的幼儿不是不想助人，而是不会如何助人。调研结果还显示女孩的生活自理能力普遍高于男孩，这一方面因为女孩相较于男孩更喜欢玩过家家等模拟生活场景的游戏，另一方面或许因为很多家庭依然存在传统性别分工意识，男孩没有做家务或其他劳动的机会，因此缺失了提高自理能力的途径。

幼儿园场景下，教师最担心孩子们的安全，所以教师更注重班级秩序的维

---

① 教育部．关于大力推进幼儿园与小学科学衔接的指导意见[EB/OL]. [2023-07-28]. http://www.moe.gov.cn/srcsite/A06/s3327/202104/t20210408_525137.html.

护。幼儿园班容量一般较大，教师不能时刻照顾到每名幼儿，为了保证孩子们的安全，老师们只能专注于维护课堂秩序，很少允许孩子们自由活动。在一日生活常规中，老师经常给予幼儿太多束缚、太多条条框框，而不告诉幼儿该做什么、能做什么。久而久之，幼儿就对他们到底应该做什么、能做什么产生迷茫，也不知道该怎么做。

（三）人际交往的能力

幼儿期的人际交往主要包括师生交往、同伴交往、亲子交往。良好的人际关系在幼儿升入小学后发挥着重要的作用。调研发现，幼儿基本会使用礼貌用语，但部分幼儿不喜欢主动与人打招呼或沟通；另一方面，在人际交往中，幼儿多数喜欢表达自己的想法，导致他们的倾听能力差，插嘴现象多，这显然达不到小学阶段对“秩序”的更高要求。

（四）调节情绪的能力

情绪调节能力涉及很多方面，最核心的包括孩子需要根据场合控制自己的言语、情绪、行为。调研发现，幼儿在各种冲突情境中较难控制自己的情绪，不能有条不紊地表达自己的观点或诉求。儿童与周围环境的有效交互离不开较好的情绪调节能力和处理冲突、表达需求的积极策略。观察发现，幼儿仍然存在哭闹、任性的行为表现。比如，想加入其他小朋友的游戏遭到拒绝后，有的幼儿会直接翻脸搞破坏，有的幼儿会伤心痛哭等，也有幼儿会尝试沟通，但沟通失败后往往也会出现上述消极行为。有的幼儿会因为上课举手回答问题但回答错误而崩溃，有的幼儿则会因为做错了事而郁郁寡欢。这些都是情绪不稳定的表现。

当前，幼儿园、小学、家庭 3 者在合作提升幼儿入学准备的过程中，仍然存在重知识衔接、轻社会准备的问题。幼儿难免遇到不顺心的事情，如果没有正确引导幼儿表达和释放这些负面情绪，幼儿就有可能出现攻击性行为，或经常发脾气，或不能适应环境，或性格孤僻、害羞等，不能很好地融入集体。从这个角度看，社会性发展不好的幼儿步入 1 年级后，由于所处的环境、人际关系和活动模式的改变更容易产生情绪情感的变化，进而影响他们的行为、言语。合理调节负面情绪、控制不良行为的影响对儿童社会性发展有重要作用，能使新生快速适应新生活的变化，建立良好的人际关系。如果幼儿社会性长时间没有提高，久而久之，这样的孩子就会成为老师的难题、同学排斥的对象，无法适应学校生活，导致其厌学、逃学，甚至其他更严重的问题。

（五）教师缺乏培养幼儿社会适应能力的知识储备

提高幼儿的社会适应能力一方面有利于幼儿更好地适应未来的生活和学习环境，另一方面也有利于幼儿建立健康人格。在本次调查研究中，发现幼儿教师认可提升幼儿社会适应能力的社会价值，却忽视了社会性成长对儿童形成健康人格的价值。正是由于这样的认知，教师们在日常生活中更多地关注幼儿外显的行为，而忽视了其个体人格的养育。以下是笔者与教师的访谈。

笔者：您认为幼儿园对幼儿进行社会适应能力的培养是必要的吗？您是如何理解社会适应能力培养的重要性的？您认为幼儿社会适应能力培养的主要承担者是谁？

教师：我认为幼儿社会适应能力的培养相对于五大领域的其他领域来说没有那么重要。比如如果幼儿数学能力跟不上的话，幼儿进入小学后数学成绩就会落后。而社会适应能力不需要用分数衡量，相比较而言就没那么必要了。我认为幼儿社会适应能力的培养责任应由家庭和幼儿园共同承担。

（六）家长缺乏正确的教育观念，家园共育效果有限

现在很多家长乐于做“直升机父母”，喜欢为孩子解决一切问题，违背孩子的愿望，替孩子做事，与此同时又会对孩子产生过高的期望，而孩子达不到家长的要求后会产生消极心理，逃避难以做到的事情。此时，家长又不得不介入其中，替孩子做主解决问题。可以由孩子自行解决问题的机会被家长剥夺了，借由尝试可能形成的自我效能感、不怕失败、乐于挑战的机会随之也失去了。家长的“不放手”使很多幼儿被动地陷入“生活不能自理”的常态，这显然不利于幼儿社会性的发展。以下是笔者与教师的访谈。

笔者：您觉得幼儿家长是否会有意识地培养孩子的社会适应能力？您是如何知道的？

教师：通过观察和与家长们交谈，我发现幼儿家长不会有意识地对孩子进行社会适应能力的培养，这会导致幼儿某一部分社会适应能力缺失。

可见家长在提高幼儿社会性方面基本处于认知盲区，其随意性较大，缺乏明确的目标和方向。当问到幼儿园是否组织过专门针对大班幼儿社会性发展的

家长学校活动时，老师表示以后一定会组织。可见，围绕幼儿社会准备的家园共育不到位。另一方面，调查还发现家园沟通渠道单一的问题。教师与家长的沟通是在接送孩子过程中进行的，沟通时间短，无法深入讨论，部分幼儿家长从不主动与教师沟通，协同育人的过程并不顺畅。针对这个问题，笔者对教师进行了访谈。

笔者：您是否会针对幼儿出现的社会适应行为问题与幼儿家长进行沟通？如果有，对幼儿社会适应能力的发展是否有用？如果没有，为什么？

教师：不会特意地、主动地与家长进行沟通，我觉得适当的沟通应该是有用的，但我个人与家长就幼儿社会适应能力培养的沟通不是特别频繁，应该是有用。

（七）幼儿园的社会领域活动设计缺乏深度

随着社会的发展、科技的进步，幼儿获取知识的途径和平台变得越来越多，而在幼儿园教育中，许多教育内容都比较浅显易懂，无论是广度还是深度，都无法满足幼儿进入小学后适应能力的要求。对于中后期的大班幼儿来说，学习《幼儿园教育指导纲要（试行）》中所规定的知识内容已经是十分容易的事情。对于认知能力较强的幼儿来说，有些内容中班时就可以掌握。教师一味地重复不仅不能提高幼儿的社会适应能力，反而会引起幼儿的逆反心理，阻碍幼儿社会适应能力的发展。而且社会适应能力不像语言能力、数学能力那样可以具体化，是比较抽象的概念。由于教师自身能力不足，所以幼儿园的社会适应能力培养在创新方面还有待发展。下面是笔者对教师进行的访谈。

笔者：从有效的幼小衔接的角度，您认为现在的教学内容适合现在的孩子们吗？如果不适合，您觉得可以做哪些改进？

教师：我认为对于现在的孩子来说，他们大部分都比较聪明，可以接受更深层次社会领域的学习，但是幼儿园在社会领域课程方面的备课主要依照《幼儿园教育指导纲要（试行）》和《3—6 岁儿童学习与发展指南》，不能脱离大纲的要求，所以我们只有尽可能地去教授孩子们多一点的知识，让他们在进入 1 年级的时候不那么难。

显然，该幼儿园的社会领域教育依然关注“知识”，然而人的社会适应是人在与环境的互动中产生的观念、行为方式的连续表现与变化。静态的知识绝对不能取代动态的行为，这也是为什么小朋友懂“垃圾分类”，但几乎不参与“倒垃圾”的家庭劳动；知道应该“关爱父母”，却很少正确地表达爱意；知道应该“热爱集体”，却不能很好地遵守行为规范。对大班幼儿来说，让他们行动起来比记住知识有意义得多。

（八）幼儿园与小学的针对性沟通不充分

幼儿园与小学的教育目的有很大的区别，从社会性发展来讲，小学道德与法治课的核心素养在很大程度上包含幼儿园阶段的“生活准备”与“社会准备”两部分。长期以来，道法课在小学课程体系中也处于边缘状态，不仅课时少，教师也不够专业。学校发现新生入学后难以适应小学生活时，多半会埋怨学生在幼儿园时期并未受到系统的社会性能力培养。但当幼儿园就幼儿社会性发展主动向上衔接时，又往往难以得到来自小学的针对性回应。双方在社会准备/适应领域的对接很粗放，亟待协同教研。下面是笔者对教师进行的访谈。

笔者：幼儿园的园本教研有开展关于社会性发展方面的课程研究吗？幼儿园有组织过大班教师与小学 1 年级的一线教师进行双向教研吗？

教师：幼儿园有组织教师进行社会领域的教研，尤其是有关大班幼儿社会性发展的教研活动。但是并没有组织过我们与小学一线教师进行教研，一来是时间无法协调一致，大家工作比较繁忙，二是幼儿园也没有固定的合作对象。

三、幼小衔接视角下幼儿社会适应准备能力提升的策略

（一）加强培训，提高教师实施社会准备教育教学的专业水平

虽然每个教师都是独立的个体，因年龄、性格、受教育水平不同而对幼儿社会适应能力发展教育的态度、认识深度有所不同，但幼儿教师应当准确理解幼儿社会适应能力的概念。

首先，加强教师对幼儿社会适应能力提高方面的理论知识的学习。教师在一日生活常规中应注重培养儿童的社会适应能力。幼儿园可以通过每月读书分享会、小组备课学习、专家讲座等形式，学习培养幼儿社会适应能力的相关知识，提高教师对幼儿社会适应能力培养的理解和重视。

其次，提升教师培养幼儿社会适应能力的技巧。幼儿园可以开展专门的研讨会，研讨会由具有丰富经验的一线教师、家长代表和专门的幼儿样本群体共

同组成，也可以邀请有经验的幼儿专家，针对家长和教师在交流过程中遇到的问题进行讨论，这样不仅能够帮助教师和家长及时解决遇到的问题，同时也能够纠正他们在培养中采取的不恰当方法。

（二）帮助家长树立正确的教育观念

幼小衔接阶段的儿童正处于培养社会适应能力的关键时期，如果对“自己保护自己”没有一个内在的衡量标准，5 至 6 岁的幼儿在行为习惯养成方面就难以达到既定目标。① 所以家长要配合教师的工作，与教师彼此信任。

首先，要帮助家长树立正确的教育观念和教育方式，组织社会准备方面的专题家长学校活动，平时可以通过公众号或班群的方式普及相关理念，组织家长恳谈会、经验交流会等，帮助家长认识“直升机育儿”的弊端，帮助家长认可“幼儿可以成功”的理念。同时，家长要身体力行，言传身教，让自己成为幼儿的榜样，家长自己在日常行为中要努力呈现自尊、自信、乐观的精神面貌。

其次，可以抓住家长会的机会让家长了解幼儿园与小学之间的差异性，让家长知道培养幼儿的社会适应能力迫在眉睫。只有家长在认知层面提升了才会带动实践方面的改变，这有助于提高幼儿的社会适应能力。家长可以有意识地观察儿童在社会适应方面的情况，面对亲子交往、分享等方面出现的问题，及时加以引导，多鼓励幼儿积极表现自己，增强幼儿自信心。

最后，父母要主动参与孩子社会适应能力的教育培养中。家长要做的就是为幼儿创立适当的环境，增加孩子实际操作的机会，使其尝试成功和失败，适度的成功体验不仅能够帮助幼儿形成积极的人格，也会提高孩子的学习兴趣。在家庭生活中，增强幼儿独立自主能力的培养，为幼儿自我管理能力的发展创造机会，重要的是让孩子学会照顾自己、与人打交道、独立完成任务、遵守规则。

（三）构建幼儿社会适应能力培养合作体，形成家园合力

幼儿园要积极开展教研活动，开发适合提升幼儿社会适应能力的园本课

① 钱志亮．入学早知道：儿童入学必备的八种能力［M］．北京：北京师范大学出版社，2011：266.

程；增强家庭与幼儿园的良性且高效的互动，这里的互动并不是简单询问，而是与家长探讨幼儿在家的情况，双方在针对幼儿某项社会性能力缺失的问题上共同商量解决对策，形成家园合力。幼儿园有必要在日常管理中更加注重促进幼儿社会适应能力的培养，并以不同的方式向幼儿教师和家长传递理念，共同促进幼儿独立自主、人际交往等能力的提高。忽视幼儿学习品质培养，单纯追求知识技能，在园本课程研究时要坚决杜绝这种做法。

幼儿园还可以丰富家园共育的沟通渠道，使其不再单一。例如，幼儿园可以安排教师进行家访，家访可以使教师不仅从幼儿园角度而且从家庭角度了解本班幼儿，能够更全面、更细致地了解幼儿在日常生活中社会适应能力方面存在的问题，并且做到因材施教，针对性地解决问题；在班级里可以建立家长责任制，可以将班级划分成小组，每组安排一名家长做小组长，小组长负责收集本组家长在家时在幼儿教育方面的难题，然后反馈给教师，教师之间可以针对问题互相沟通并解决问题。家园合作不仅是儿童身心全面发展的重要途径之一，而且也可以提高幼儿园教育质量。

（四）幼儿园的社会适应活动要贴近幼儿生活

幼儿往往通过实际生活获得社会性知识、经验和技能，但当前幼儿园大多是通过集体教育活动教给幼儿社会性知识，但是幼儿对抽象的社会领域知识无法充分理解，哪怕教师采用了“绘本授课”“游戏授课”这样的类还原形式，也难以帮助幼儿形成稳定、正确的社会行为习惯，这从另一个侧面反映出幼儿需要“做”、需要“体验”、需要“亲身参与”才能内化社会性知识、规则的年龄特点。因此，幼儿园教师应当抓住一日生活中出现的真实问题，主动开展随机教育，通过真实自然的场景，让孩子逐渐了解生活中的人际关系、矛盾冲突、自我管理等问题，激发孩子对社会性知识的兴趣，提高幼儿的社会适应能力。幼儿园可以通过日常生活习惯、区域环境设计、室内外游戏等方面的渗透，创造出有助于幼儿理解的社会性环境，帮助幼儿发现问题，提升其能力。

创新是让活动内容变得丰富的主要途径之一，教师单一且呆板的灌输式教学在幼儿园教育中是行不通的。所以幼儿园要重视游戏在幼儿社会适应能力培养中的重要作用。《3—6 岁儿童学习与发展指南》指出：“充分尊重和保护幼儿的好奇心和学习兴趣，帮助幼儿逐步养成积极主动、认真专注、不怕困难、敢于探究和尝试、乐于想象和创造等良好学习品质。”① 游戏是促进幼儿思维发展的重要载体和方法，因此在大多数幼儿园教师会借助游戏让幼儿更好地参与到课堂中来。但是如上文所述，对幼儿而言，真实的场景、真实的问题、真实的亲身体验是他们获得社会性直观经验的基础，因此“操作”仍然是第一位的。在获得大量直接经验的基础上，安排主题游戏活动才能起到事半功倍的作用。因为幼儿喜欢游戏，他们能够在玩耍中理解知识、规则，并形成习惯。

（五）增强幼儿园与小学的联系，力争双向衔接

从幼儿园升入小学是儿童经历的第一个学习模式大变样时期，是幼儿接触系统知识的开始，幼儿将面临多种“断层”。在这个时期，儿童幼小两阶段的特点同时并存，经过交替、转化、升华这个过程，幼儿阶段的特点逐渐减弱，小学阶段的特点逐渐增强。幼儿社会性发展的程度将在很大程度上决定其能否“应付”入学初期“兵荒马乱”的生活。因此，幼儿园与小学的协同育人项目必须关注幼儿心理韧性、行为习惯、情绪控制等方面，不能简单停留在校园观光、佩戴红领巾等方面。协同教研应当围绕幼儿入学后可能出现的问题展开。从教育部近年来公布的幼小衔接相关政策来看，幼儿园和小学阶段在儿童社会性教育方面的侧重点既有交叉也有不同（表 4-5）。

幼儿园要与小学建立长期的、稳定的交流互助模式，不仅要让幼儿园教师和小学教师相互交流合作，还要进行双向教研活动，在教研活动上不仅要交流课程内容方面的互通之处，还要分享一线的教学经验。在相互交流的过程中，双方的教师要着重了解教育内容与方法的差异，从中整理出高效的、有针对性的社会性教育方法，做好社会适应能力发展的幼小衔接工作，进而帮助幼儿更顺利地适应小学生活。

---

① 教育部．教育部关于印发《3—6 岁儿童学习与发展指南》的通知[EB/OL]．[2023-08-20]．http://www.moe.gov.cn/srcsite/A06/s3327/201210/t20121009_143254.html.

表 4-5　幼小衔接阶段幼儿社会性发展的主要指标

<table>
<tr><td rowspan="4" colspan="2">《幼儿园入学准备教育指导要点》①</td><td>交往合作</td><td>能和同伴友好相处，乐于结交新朋友；能与同伴分工合作共同完成任务，遇到困难互帮互助，发生冲突时尝试协商解决；能主动向老师表达自己的想法和需求</td></tr>
<tr><td>诚实守规</td><td>能遵守游戏和日常生活中的规则；知道要做诚实的人，说话算数</td></tr>
<tr><td>任务意识</td><td>理解老师的任务要求，能向家长清晰地转述并主动去做；能自觉、独立地完成老师安排的任务</td></tr>
<tr><td>热爱集体</td><td>喜爱自己的班级和幼儿园；愿意为集体出主意、想办法、做事情；初步形成爱家乡、爱祖国的情感</td></tr>
<tr><td rowspan="4" colspan="2">《小学入学适应教育指导要点》②</td><td>融入集体</td><td>知道自己是班级的一员，能逐步融入班集体；积极参加集体活动，能感受集体生活的快乐</td></tr>
<tr><td>人际交往</td><td>愿意主动接近老师，有问题能找老师寻求帮助；能与同伴友好相处，有经常一起玩的小伙伴；能与同学分工合作完成任务，互帮互助，发生冲突时会协商解决</td></tr>
<tr><td>遵规守纪</td><td>了解并遵守《小学生日常行为规范》和校规的基本要求，有明确的规则意识；能积极参与班级及各类活动规则的制定，想办法扩展游戏或推进活动</td></tr>
<tr><td>品德养成</td><td>能初步分辨是非，做了错事能承认和改正；喜欢集体生活，爱护班级荣誉；具有爱家乡、爱祖国的情感</td></tr>
<tr><td rowspan="4">《3—6 岁儿童学习与发展指南》③</td><td rowspan="4">人际交往</td><td>愿意与人交往</td><td>有自己的好朋友，也喜欢结交新朋友；有问题愿意向别人请教；有高兴的或有趣的事愿意与大家分享</td></tr>
<tr><td>能与同伴友好相处</td><td>能想办法吸引同伴和自己一起游戏；活动时能与同伴分工合作，遇到困难能一起克服；与同伴发生冲突时能自己协商解决；知道别人的想法有时和自己的不一样，能倾听和接受别人的意见，不能接受时会说明理由；不欺负别人，也不允许别人欺负自己</td></tr>
<tr><td>具有自尊、自信、自主的表现</td><td>能主动发起活动或在活动中出主意、想办法；做了好事或取得了成功后还想做得更好；自己的事情自己做，不会的愿意学；主动承担任务，遇到困难能够坚持而不轻易求助；与别人的看法不同时，敢于坚持自己的意见并说出理由</td></tr>
<tr><td>关心、尊重他人</td><td>能有礼貌地与人交往；能关注别人的情绪和需要，并能给予力所能及的帮助；尊重为大家提供服务的人，珍惜他们的劳动成果；接纳、尊重与自己的生活方式或习惯不同的人</td></tr>
</table>

① 教育部．教育部关于大力推进幼儿园与小学科学衔接的指导意见[EB/OL]．[2023-08-20]．http://www.moe.gov.cn/srcsite/A06/s3327/202104/t20210408_525137.html.

② 教育部．教育部关于大力推进幼儿园与小学科学衔接的指导意见[EB/OL]．[2023-08-20]．http://www.moe.gov.cn/srcsite/A06/s3327/202104/t20210408_525137.html.

③ 教育部．教育部关于印发《3—6 岁儿童学习与发展指南》的通知[EB/OL]．[2023-08-20]．http://www.moe.gov.cn/srcsite/A06/s3327/201210/t20121009_143254.html.

续表

	社会适应	喜欢并适应群体生活	在群体活动中积极、快乐；对小学生活有好奇和向往
	社会适应	遵守基本的行为规范	理解规则的意义，能与同伴协商制定游戏和活动规则；爱惜物品，用别人的东西时也知道爱护；做了错事敢于承认，不说谎；能认真负责地完成自己所接受的任务；爱护身边的环境，注意节约资源
	社会适应	具有初步的归属感	愿意为集体做事，为集体的成绩感到高兴；能感受到家乡的发展变化并为此感到高兴；知道自己的民族，知道中国是一个多民族的大家庭，各民族之间要互相尊重、团结友爱；知道国家一些重大成就，爱祖国，为自己是中国人感到自豪
《义务教育道德与法治课程标准(2022年版)》①1—2年级核心素养		道德修养	知道健康生活、卫生习惯的基本常识和要求；懂礼貌，讲诚信，守约定，不撒谎，与同伴友好相处；感知父母的辛劳，孝敬父母，尊重师长；爱护家庭学校和公共环境卫生，爱护公物，遵守公共秩序；爱劳动，知道财富是由劳动创造的
		法治观念	遵守学校纪律，维护课堂秩序；了解生活中的规则，知道在生活中人人都应遵守规则，具有初步的规则意识；了解生活中基本的安全常识，掌握常用的求助信息
		健全人格	热爱生命，懂得自我保护，远离伤害；体会成长的快乐，能够看到自己的进步和不足，欣赏他人的优点和长处；能够感知自己的消极情绪，知道可以向老师和家人寻求帮助；乐于学习，逐渐培养专注力；能够表达自己的感受，学习倾听他人的意见；感知并学习适应环境的变化
		责任意识	学会自己的事情自己做，减轻父母的负担；热爱学校和班集体，积极参与学校和班级活动，有集体荣誉感，能够关心和帮助他人；知道中华民族是一个统一的大家庭；亲近自然，爱护动植物

① 教育部．教育部关于印发义务教育课程方案和课程标准(2022年版)的通知[EB/OL]．[2023-08-20]．http://www.moe.gov.cn/srcsite/A26/s8001/202204/t20220420_619921.html.

第三节 幼儿数学入学准备调研及教育实践

一、幼儿数学入学准备教育的意义

纵览各国幼小衔接实践，数学都是非常重要的组成部分，也是一项极具活力的研究主题。入学准备在国外被称为 school readiness，指学前儿童从即将开始的正规教育中受益所需要具备的关键特征或基本条件。在 JSTOR 数据库做主题词搜索并进行相关度及时间筛选，可知西方国家于 20 世纪 50 年代便开始关注“幼小衔接”问题，相较于我国偏重理念研究，外国更侧重研究儿童发展和具体教育教学过程，数学能力被作为幼儿认知的一部分进行测量，常测项目包括方位、类属概念、类比推理、数序列推理、图形表征、计算等。国外使用较多的有格赛尔入学准备筛查测验（GRST）、布莱肯基概念量表（BBCS）、布瑞根斯筛选测验（BK&1）等。① 值得注意的是，近年来我国学者也开始重视实证研究，学者们研发了种类繁多且较为成熟的测量工具，如 ECLS-K 学习品质量表 1990、LTLS 学会学习量表 2008、儿童入学成熟水平诊断量表 2016 等。

为了更好地促进幼儿发展，设计更有针对性的入学准备教育，缩小教育差距，各国学者极为关注“入学准备水平”的调查研究。我国学者的相关研究结果都报告了显著的城乡差异，如 2000 年一项全国性调查显示，在大班幼儿数学知识掌握方面，经济发达地区明显高于内陆边远地区。② 2014 年一项针对大班幼儿数学能力的研究显示，农村幼儿在各维度上的得分都显著低于城市幼儿，公办园幼儿发展成果优于民办园幼儿。③ 2022 年一项围绕“城乡家庭学习环境”对幼儿入学准备影响的研究显示，城市幼儿数学准备能力（5.55±

---

① 盖笑松．儿童入学准备研究与实践［M］．长春：吉林教育出版社，2006：7-8.

② 林嘉绥．幼儿数学入学准备调查报告［J］．学前教育研究，2000（02）：32-33.

③ 张丽，王燕，郑孝玲，等．大班幼儿数学入学准备研究［J］．心理学探新，2014，34（06）：565-570.

1.81）明显优于农村幼儿（4.90±1.91）。[①]

此外，教育界还展开了大量教育实践，国外最著名的干预项目是美国著名的“开端计划”（Head Start Program），该计划致力于缩小处境不利儿童在入学初期与其他儿童地方差距，是一项综合性的入学准备干预项目；“高瞻课程方案”将数学作为幼儿的关键发展指标，并设计了一系列支持性教学策略，教学活动基于幼儿生活经验，提倡让幼儿在生活化、游戏化的活动中学习数学、发展逻辑思维能力。2021年，我国教育部发布《指导意见》后，幼儿园和小学掀起了科学幼小衔接的教学改革热潮，各地按文件要求遴选试验区和试点园（校），有效促进了科学入学准备理念的推动及直观性、游戏化数学教育模式在农村地区的宣传与实践。幼儿园数学教育是促进幼儿全面发展的重要部分，是引导幼儿逐步科学、有序探索周围世界数量关系、空间形式和有目的的教育教学活动。幼小衔接阶段的幼儿正处于前运算思维向具体运算思维转变的过程，开始具备初步理解抽象逻辑的能力。近年来，各界对幼儿数学能力的关注不断提高，对幼儿数学入学准备的研究也日渐增多，其中最受关注的主题包括幼儿数学入学准备的内涵、幼儿入学准备水平的调查研究、幼儿数学入学准备水平提升策略等。

日常生活中，我们经常会发现一些幼儿园大班甚至小学1年级的学生出现数数跳数、乱数的现象。尤其幼儿园大班幼儿，他们虽然掌握了一些数词，但往往分不清它们的先后顺序，数到几十九不会进位，进而停顿、跳数、返回重数；有的只会从1数起，不能从中间任意一个数开始数，或不能正确倒数。但如果认为这样就说明孩子没有数学天分，甚至认为孩子笨，那么家长或老师就是判断错误了。有研究表明，儿童的数学启蒙期有5个阶段，分别是0至1岁、1至3岁、3至6岁、6至9岁、9至12岁。对幼儿园阶段的儿童而言，数学能力的发展远非“数字”和“计算”这么简单，6岁之前，最重要的数学启蒙任务是“数感”的培养。在逻辑思维敏感期，重点发展儿童归类、排列、找规律的能力；在空间敏感期，则要给孩子更多探索的自由，发展其“分离”

---

① 冯学滢．城乡家庭学习环境差异及对幼儿入学准备的影响研究：以160个家庭为例［D］．青岛：青岛大学，2022.

“位置”“空间”的意识；在“数字”敏感期，则要重视数与量的匹配及其计算。有研究表明，小学1年级的学生依然处于学习的初级阶段，其对“数”的认识、对“数学”概念的建构能力依然有待提高。做好幼儿数学入学准备不仅有利于提高幼儿的认知水平，而且更对其升入小学后的数学学习有很大的帮助。

二、研究设计

（一）研究对象

研究采用目的抽样法，选取邢台市R县3所独立办园的农村普惠幼儿园，再采取随机抽样的方法，共抽取37名大班幼儿。研究对象基本情况见表4-6。

表4-6 幼儿数学入学准备调研样本基本情况

人口学变量	样本特征	人数	百分比（%）
性别	男	21	56.8
	女	16	43.2
年龄	<5周岁	2	5.4
	5—5周岁半	31	83.8
	>5周岁半	4	10.8
主要抚养人	父母	27	73.0
	他人	10	27.0

（二）研究方法与工具

课题组通过测量法对农村幼儿数学入学准备水平进行量化研究，并佐以科学、有序的观察了解幼儿日常数学表现。研究以钱志亮制作的儿童入学成熟水平诊断量表作为测量工具，对37名大班幼儿进行数学能力测量。量表由8个子项构成，其中“数学准备”包括数数、排序、分类、比较、图形识别、时间概念6项内容，分半信度为0.826，各个因素与总分之间的相关均在0.501至0.799之间，存在较高相关，同时具有良好的稳定性和结构效度。① 此外，研

① 钱志亮，丁攀攀．儿童入学成熟水平诊断量表的研制［J］．学前教育研究，2010（02）：44-45.

究者还对幼儿进行了结构性观察，以便了解幼儿在日常生活中认识、使用“数”的意识和能力的情况。最后，课题组还对37名幼儿所在班级的4名教师进行了结构性访谈，了解教师在数学活动教育目标的设计，教学内容、教学方法手段、评价方式的选择以及家园共育等方面的情况。

三、R县农村幼儿数学入学准备水平现状

（一）幼儿数学能力水平测量结果

本次研究主要测量了幼儿的10项数学能力，包括数数、对应、排序、分类、推理、比较、图形、时间、钱币、规律，各项指标的核心能力见表4-7。从本次测量的总体情况来看，幼儿在排序、数数和钱币3项表现最好，但在推理、时间和规律3项表现不佳，远低于总平均分，得分从高到低依次为排序、数数、钱币、对应、分类、图形、比较、推理、时间、规律。这一结果与林嘉绥（2000）及张丽（2014）更大规模的调研结果近似，反映出幼小衔接阶段农村幼儿数学抽象能力不足、数学学习与实际应用结合度不高、幼儿园及家长对幼儿逻辑思维的提升训练不足等问题。

表4-7 幼儿数学入学准备核心能力

测量项目	核心能力
数数	口头数数、按物点数、说出总数
对应	判断“一样多”及“一一对应”
排序	连续比较物体的量的差异，思维的可逆性、传递性和双重性
分类	感知“集合”的能力，把有共同特征的物品归并到一起
推理	对数量关系的理解，包括排序、分类、对应等，是一种综合逻辑能力
比较	确定共同点与不同点，分辨大小、长短、高低、空间位置等
图形	图形建构能力，辨认欧式图形，建立图形关系，理解图形之间的组合与分解关系
时间	感知时间和自主管理时间
钱币	认识钱币、能正确使用钱币
规律	主动和自动理解数、运用数的态度和意识

在排序能力方面，题目要求幼儿对 4 种水果的数量进行“多与少”的排序，测量幼儿对“最多”“最少”“第二多”“第二少”的判断能力。结果显示，91%的幼儿能正确区分最多、最少、第二多、第二少，没有幼儿全部题目都做错，说明幼儿对“比较”有较好的认知。在数数能力方面，测量结果显示，所有幼儿均可正确完成“正序数数 52—62”，其中 33 名幼儿（约占 89%）能够正确完成“正序数数 52—62”和“倒序数数 8—1”，只有 3 名幼儿倒序数数错误，1 名幼儿正序数数和倒序数数均出现错误，说明幼儿口头计数能力发展迅速。在钱币辨识方面，幼儿需辨认人民币纸币 10 元、20 元、50 元和 100 元，将纸币放在规定位置，让幼儿按要求说出最大面额、最小面额及换算关系。结果显示，所有幼儿均能正确辨认人民币面额，仅有 15%的幼儿不能正确完成换算。测量过程中，部分幼儿主动表示自己曾经使用纸币购买过东西，并知道“便宜”和“贵”的概念及区别，说明幼儿具备正确认识金钱及其规律的能力。

本次测量中，幼儿表现一般的项目为对应、分类、图形、比较。对应测量结果显示，多数幼儿能够分辨自己的左右，其中 79%的幼儿在正确区分左右的情况下可以正确点数，18%的幼儿不能正确区分左右，3%的幼儿在正确区分左右的情况下无法正确点数。分类测量结果显示，15%的幼儿可以灵活运用 3 种标准进行分类，56%的幼儿能够掌握 2 种不同的分类标准，24%的幼儿能够正确使用 1 种标准进行分类，5%的幼儿因没有掌握其标准而无法分类。图形测量要求幼儿使用七巧板按要求拼图，此项综合测量幼儿视知觉转换能力、图形建构能力。结果显示，71%的幼儿能够独立、正确地拼图，23%不能完全正确地复原，6%的幼儿完全不能按照施测者的要求进行图形建构。比较测量要求幼儿在有标尺参考和无标尺参考的情况下比较两条线段的长度。结果显示，65%的幼儿能正确区分，35%的幼儿在无标尺参考的比较中出现失误，说明多数幼儿有较为稳定的比较能力，并能使用一定的比较策略，但部分幼儿对端点对齐的曲线与直线的关系尚未形成清晰认知。

本次测量中，幼儿表现欠佳的项目是推理、时间和规律。推理测量结果显示，幼儿的推理能力发展稍有迟缓，仅有 23%的幼儿可以清晰地推理出 2 个问题（3 人身高推理和气球大小推理）的答案，65%的幼儿仅能推理出其中的 1 个问题，12%的幼儿完全无法根据施测者的讲述做出推理。时间测量结果为仅有18%的幼儿通过测量，47%的幼儿需要引导才能完成，35%的幼儿无法理解指导语，进而无法完成测量，说明幼儿对表盘的认识、对时间的理解不充分。规律测量（规律为相邻数字间隔为2）结果显示，仅12%的幼儿发现正确的规律并给出正确的答案，70%的幼儿未能发现数字之间的规律，不能给出准确的答案。

（二）幼儿数学能力的观察结果

观察集中在各种集体活动，例如数学活动、早中晚餐、区域活动、户外活动等。主要使用事先设计的观察表，以直接观察为主，采用现场速记的方法进行全天候观察并认真做好观察记录。观察的内容是幼儿的典型数学行为，详见表4-8。

表4-8　幼儿的典型数学行为

维度	幼儿的典型数学行为
计数	20以内按物点数、1—100或10—1口头数数、目测10以内实物数量
对应	数字与物体、物体与物体
比较	比较物体特征、比较物体数量、比较物体空间位置、比较时间
分类	根据物体至少两种特征分类
数感	感知生活中的数学
排序	按物体特征排序、按规律排序
时间	了解时间段代表的意义、识别不同的时间
钱币	认识不同面额的纸币，知道如何使用钱、分配钱
数字推理	按照一定的数量关系进行运算
图形建构	认识几何图形、进行图形建构

当幼儿出现某种典型的数学行为时便在观察记录表此行为下画正字，粗略得到37名大班幼儿的典型数学行为观察数据。运用自制观察表详细观察数学活动中幼儿回答问题的表现，了解幼儿数学活动中的状态和积极性。回答问题的类型分为主动回答（主动举手回答教师提出的问题）、被动回答（未举手但是被教师要求回答问题）、不回答（未独自与教师进行问答），若幼儿出现某种

行为，便在此行为下标注数字。图 4-4 是本次连续型观察的结果。

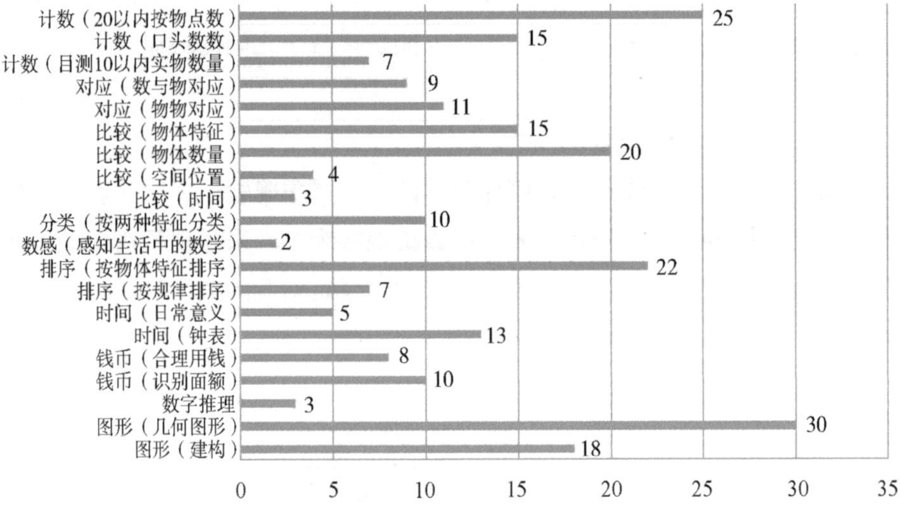

图 4-4　幼儿日常数学行为观察结果

根据观察记录，在 14 天的观察过程中，计数行为出现在一日生活中的次数最多，共出现 47 次，占典型数学行为总数的 20.7%；其次比较行为也是幼儿一日生活中体现较多的行为，共出现 42 次，占总数的 18.5%；在图形方面，其行为主要表现在区域活动和乐高搭建活动中，共出现了 38 次，占总数的 16.8%；排序行为共出现 29 次，占总数的 12.8%；对应行为出现 20 次，占总数的 8.8%；时间与钱币方面出现的行为次数均为 18 次，各占总数的 7.9%，其中时间方面的行为贯穿于幼儿的一日活动，而钱币方面的行为主要体现在集体教育活动中或是娃娃家活动中；分类活动共出现 10 次，占总数的 4.4%；数感与数字推理方面的行为出现的次数较少，分别占比 0.9% 与 1.3%。由此可见，生活中幼儿运用更多的是计数、比较这两种能力，图形、钱币这两方面的行为发展需要创设一定的环境。

在幼儿园的一日活动中，能够积极主动回答数学相关问题的幼儿占比并不大，幼儿的数学能力呈现较为明显的分层。根据观察记录，主动回答数学问题的幼儿仅有不足 1/3，有 17 名幼儿未曾单独与教师进行过互动；11 名幼儿积极主动地回答教师提出的问题，其中幼儿 G 曾两次主动地与教师进行互动，剩下 10 名幼儿均为 1 次；8 名幼儿被教师要求回答问题，其中幼儿 Q 被教师要求回答 2 次，剩下 7 名幼儿均为 1 次；幼儿 V 曾主动回答问题 1 次，过后低头抠手指走神时被教师发现，进行了第二次提问，此次回答为被动回答。

（三）教师访谈结果

通过一个学期的连续性观察和对教师的结构性访谈，发现了影响邢台市 R 县 3 所幼儿园幼儿数学能力发展的几项共性问题。

1. 理念陈旧、活动目标单一

教师只注重数学知识的教学，以大班数学教育活动为例，反复练习连加连减、进位加减等简单数学计算。不难看出，教师对学前数学教育目标的认识普遍较为片面，3 所幼儿园学前数学教育只以提高"计算"这种能够直接测评的能力为主要目标，忽视了幼儿数学思维能力、数学兴趣和数学学习习惯的培养。由于目标单一，教师也无法及时发现幼儿在图形建构、时间、逻辑推理等方面发展不充分的问题。

2. 活动设计脱离生活，"离农化"明显

农村有丰富的数学教学资源，但调研的 3 所幼儿园均未设置园本数学活动。其中两所幼儿园使用的幼小衔接数学训练题为教学材料，小学化知识与评价方式充斥其中，幼儿能够做出 20 以内的加减运算及 10 以内数字的分解，但并不感兴趣。

3. 活动实施枯燥无趣

数学活动是教师们普遍认为较难开展的活动，接受访谈的 4 位教师均表示不知如何将抽象的数学内容转变成游戏或其他有趣的形式。数学活动以板书讲授为主，活动的过程缺乏创新；玩教具陈旧且数量有限，教师也较少有目的地指导幼儿进行数学方面的操作，幼儿对操作玩教具兴致缺缺，对数学活动的兴趣无法被提高，活动效果受到影响。

三、影响幼儿数学入学准备水平的原因

通过对幼儿的数学能力水平测量、日常观察和教师访谈，本研究认为影响

幼儿数学入学准备水平的因素主要集中在以下几个方面。

（一）不尊重幼儿数学认知规律的教育活动时有发生，影响幼儿学习数学的兴趣

如前文所述，幼儿数学认知的发展有多个敏感期，且每个时期的发展任务都不尽相同，成年人应当尊重幼儿的认知规律和儿童间的差异。现在幼儿的室内活动时间远远大于室外活动时间，能够实际动手操作与数学相关的事更少，其对数学现象的直接经验相对匮乏，这导致幼儿在学习“对应”“空间”“找规律”等数学内容的时候出现困难。这种现象的发生不只是幼儿园的问题，也不单是家庭教育的问题，这是我们对幼儿数学学习规律的认识偏差造成的。所以，数学教学要从孩子自身已有的表象知识经验出发，让孩子作为主体主动参与到教学活动中，使其获得直接的体验并在合作互动、自主探索中将生活中的实际问题转变为数学问题，进行下一步理解和解决。

另外，大班幼儿虽然普遍掌握了 10 以内数的点读、计数和简单加减运算，但并非所有幼儿都能达到无实物运算的水平。有些幼儿的认知水平高，因他们生活中接触或使用数学知识的机会多；也有部分幼儿经验少、认知水平低，时常出现挫折感，本研究认为，对这样的幼儿不易使用难度高的教学，相反教师要提供一些难度较低、趣味十足的任务，关注幼儿数学成就感的培养，提高其学习数学的自信心。

（二）活动目标单一

比照《3—6 岁儿童学习与发展指南》和《义务教育数学课程标准（2022 年版）》（下文简称《22 版数学新课标》），在幼小衔接阶段儿童需要在数与代数、图形与几何、统计与概率 3 个方面获得发展（具体对比见表 4-9），或者说要综合发展 3 个数学能力：计算能力、逻辑推理能力和空间能力。然而本次调研发现，邢台市 R 县 3 所幼儿园的数学活动目标单一，教师过分关注数学知识，尤其计算教学，以研究者观察的一次大班数学教育活动为例，教师要求幼儿练习 20 以内的加减法。平时还有连加连减、进位加减法等“计算”训练。在连续观察的两周时间里，教师从未组织过排序、找规律、钱币、钟表认识等方面的教学。教学目标非常单一，教师仅关注了“数与代数”中的计算，目标难度也已经明显超标。3 所幼儿园的教师并没有按照《3—6 岁儿童学习与发展

指南》的要求，用游戏的方式规范开展数学教学活动。

表 4-9 《3—6 岁儿童学习与发展指南》与《22 版数学新课标》1 至 2 年级段教学内容对比

教学内容	《3—6 岁儿童学习与发展指南》	《22 版数学新课标》
数与代数	初步理解量的相对性；借助实际情境和操作（如合并或拿取）理解“加”和“减”的实际意义；能通过实物操作或其他方法进行 10 以内的加减运算	数与运算、数量关系
图形与几何	能用常见的几何形体有创意地拼搭和画出物体的造型；能按语言指示或根据简单示意图正确取放物品；能辨别自己的左右	图形的认识与测量
统计与概率	能用简单的记录表、统计图等表示简单的数量关系	数据分类

从这些目标的设定不难看出，教师对学前数学教育目标的认识较为片面，对政策要求缺乏了解，以致在数学活动中忽视了培养幼儿数学思维和在实际中解决问题的能力。通过与教师的访谈也可以印证这一点。

笔者：您在组织数学活动时主要依据什么标准？您认为幼儿数学教育中知识与技能、过程与方法、情感态度价值观这 3 方面哪个更重要？

教师：幼儿园有统一的教材，我们上课都是按照教材进行的。我个人认为认知与技能对于幼小衔接阶段的幼儿来说是最重要的，因为他们马上要面临升小学，掌握更多的数学技能是非常有必要的。

很多幼儿园大班使用的教材存在两个明显的问题，一是没及时充分地落实基础教育改革的新要求，比如《指导意见》和《22 版数学新课标》关于 1 至 2 年级核心素养的新要求，二是脱离当前幼儿实际生活场景，导致幼儿不明白其中的数学问题，无法与教师的教学产生实质性互动，进而影响教学目标的实现。

（三）活动内容的广度、深度不够

随着网络技术和其他技术手段的进步，幼儿获得知识的途径不断增多，他们的知识量也在不断增加。但是在目前的幼儿园教学中，教学内容并没有根据时代的变化进行相应的调整，很多内容显得非常浅显。对如今的幼儿来说，掌握《幼儿园教育指导纲要（试行）》中所规定的知识内容已是轻而易举的事情。幼小衔接阶段的数学教育基本讲解的就是 20 以内的数的分解与组成、加减法等，由于内容不多，基本上几次活动下来幼儿便可以领会。然后就是严重的重复教学，枯燥乏味的教学内容不仅不能激发幼儿的求知欲与学习兴趣，反而阻碍了幼儿的思维发展。与教师的访谈可以印证这一点。

笔者：您认为现在的教学内容适合现在的孩子们吗？如果不适合，您觉得可以做哪些改进？

教师：我认为对于现在的孩子来说，他们可以接受更深层次的数学学习，但是国家规定不能进行超前教育，所以我们只有尽可能地去教授孩子们多一点的知识，让他们在进入 1 年级的时候不那么为难，我们有时候会在私下进行更深层次的教学，真的是没有办法了。

我们拒绝提前教授小学的知识并不等于拒绝幼儿接触更多数学现象、数学问题，只是不该要求幼儿用小学的方式去学习、去死记硬背、去机械做题等，所以最重要的还是要进一步加大宣传科学幼小衔接理念，不能因噎废食，或者自我限制。

（四）活动实施乏味，缺乏创新

在幼儿园各领域教学中，数学活动是教师们普遍认为较难的活动之一，数学内容的抽象空洞往往让教师们不知如何设计、实施。有的教师自身素质有限，在进行数学活动时，反复采用相同的教学模式，活动过程缺乏创新，幼儿容易产生程序性疲劳，无法产生学习兴趣。在玩教具的准备和使用方面，很多幼儿园并没有考虑到幼儿的年龄特征，并且很少更新玩教具，总是几套材料反复使用，导致幼儿产生厌倦心理。

笔者：您主要的教学方式是什么（团体、分组、个人）？您经常使用什么方法？让孩子们玩游戏吗？

教师：我们主要采用集体教学的方式，主要是教师讲、孩子们听，不太经常使用游戏的方式，大班主要采取与小学相似的教学模式，在活动过程中主要以教师提问、孩子们回答为主。

显然，在数学新课标都要求 1 至 2 年级采用主题式教学，尽量提高教学活动趣味性的时候，幼儿园反而追求最传统的小学课堂模式，这不仅反映出教师没有认真学习《3—6 岁儿童学习与发展指南》《指导意见》和数学新课标的政策要求，而且反映出以本次调研所涉及的3所幼儿园为代表的广大农村幼儿园教师在使用“游戏”教学上有短板，或许还有对使用“游戏”教学模式的不自信。近年来，尽管农村幼儿教师的学历有所提升，各级教师培训计划也在不断进行，但是大量转岗教师或专业不对口的教师对幼儿教育的特点依然缺乏理解。本次访谈的4名大班教师都没有学前教育背景。幼儿园倾向于让有小学教育经验的教师带大班，这真是让人啼笑皆非的决定。一篇题为《农村幼儿园教学游戏化研究——以某乡镇中小幼儿园为例》的论文也报告了类似的情况，在这位作者调查的40名农村幼儿教师中，学前教育出身的教师数量刚刚过半，小学转岗教师占22.5%，外聘及其他教师约占1/4。① 这些教师不仅无法很好地领会游戏教学精神和价值，更因为流动性强而缺少学习及使用游戏教学的动机。

（五）活动评价不及时、不深入

活动评价是一个相互促进的过程，外在促进幼儿的发展与成长，内在不断提高教师的专业素养。许多教师将活动评价当作门面工程，点到为止从不深入，而这样的活动评价失去了它应该发挥的作用，失去了意义。如前文所述，对幼儿的评价应该基于其能力的发展，而非知识的增加。然而，当问到如何判断一个幼儿是否理解了某个数学问题时，本次访谈的4名大班教师都说“看幼儿能不能说出我教的内容”。这样的教学评价完全由教师掌控，是对知识的评价，是对“听话”的评价。当幼儿达到老师提出的技能目标时，教师会使用奖品奖励“认真听话”的幼儿。② 显然，这样的评价从内容到方式都有很大的危害性。

（六）幼儿的数学家庭教育偏向

我们经常可以在大街上或公交车上看到，父母拉着或抱着自己的孩子数数，有的从1背到20，有的甚至背到100，孩子为执行家长的命令，一遍又一遍地重复背诵。其实，幼儿的思维尚处于具体形象思维阶段，他们缺乏理解事物抽象关系的基本观念。发展幼儿的数概念不是教会幼儿数很多的数，而是通过不大的数目使幼儿初步理解数的意义，形成正确的数概念。要着重把教幼儿

---

① 杨海婷．农村幼儿园教学游戏化研究：以某乡镇幼儿园为例［D］．福州：福建师范大学，2018.

② 盛宝芳．沂蒙山区农村民办幼儿园游戏现状个案研究［D］．金华：浙江师范大学，2013.

认数同发展幼儿的智力结合起来，通过认数活动发展幼儿的操作能力、观察力、注意力和思维能力，这样既可以给小学数学的学习做较好的准备，又可避免同小学的数学教学过多重复。因此，解决数学的抽象性和幼儿思维的具体形象性之间的矛盾是提高幼儿数学能力的关键。换言之，要使幼儿数学能力得到有效的提高，就要考虑幼儿的身心特点，改变那种单一枯燥的注入式方法，采用灵活多样、生动活泼、手脑并用、多种感官参与的形式，让孩子在日常的生活和游戏中潜移默化地接受数学教育。

四、提升农村幼儿数学入学准备能力的教育建议

（一）教育理念科学化

加强科学幼儿数学教育理念的宣传，提高幼儿教师和家长教育能力。幼儿园和家长需从以“计数和计算”为目标的陈旧教育观跳出来，将幼儿数学教育的重点放在幼儿对周围世界的数量关系、空间形式、逻辑规律的认知和建构上。幼儿园尤其应当研读新课标对1年级数学核心素养的要求，有意识地加强逻辑推理、图形建构方面的教学。

（二）教学内容生活化

《幼儿园教育指导纲要（试行）》明确指出要引导幼儿“从生活和游戏中感受事物的数量关系并体验到数学的重要和有趣”。幼小衔接阶段的幼儿难以直接理解抽象的“数”，但他们可以在日常生活中积累数学经验。对农村幼儿园而言，充分利用农村教育资源，设计贴近幼儿生活的教学内容，这些对幼儿发展比较、分类、排序、图形等基础数学思维非常有益。针对幼儿的“时间”概念教学，更应发挥家园的作用，培养孩子规律的生活习惯，以便使其适应小学严格的作息时间。

（三）教学方式游戏化

游戏是促进幼儿思维发展的重要载体和方法，提高幼儿的自主性是数学游戏真正提升幼儿数学能力的关键。对5至6岁的幼儿而言，操作性数学游戏、竞赛性数学游戏、运动性数学游戏等能够综合运用多种感官的游戏形式更有吸引力。家长则可以通过“家庭劳动”的形式为幼儿创造认识数学、使用数学的机会。

（四）活动指导个性化

本次调研结果不仅展现出幼儿数学能力在维度上的差异，也展现出明显的个体差异。通过观察和测量，家长和教师可以较为充分地了解孩子的特点和需求，为孩子制订个性化的提升方案。在园，组织需求相似的幼儿开展小组活动；在家，进行针对性游戏化的练习。

（五）活动评价多元化

对幼儿能力水平的评价绝对不能依靠纸笔测试，而是要多角度、多方法、多主体的评价，需要采取观察、谈话、作品分析等方法，加强与家长的交流，重视幼儿的自我评价，以“数学能力养成档案袋”的形式落实“发展性评价”。

第四节　幼儿学习品质入学准备
——提升注意力的教育行动

当人们在学习或工作时，人们的心理活动或意识总会指向并集中在某一对象上，这种心理活动对一定对象的指向与集中就是注意。[①] 注意力是活动主体对心理活动的集中和指向能力，是幼儿感知世界、获取信息的首要条件，幼儿与外界信息建立联系必须有注意力参与。幼儿的注意力的提升与培养对于幼儿以后的学习和生活都十分重要。基于入学准备的角度来看，可以让幼儿从中班开始就培养良好的注意品质，这可以帮助幼儿更好地适应小学的学习和生活。“注意力不集中”会成为注意力发展的障碍，比如语言或者行为的冲动非常容易导致幼儿活动时违规违纪，会对幼儿本身的学习、心理健康以及正常生活产生负面的影响。注意是情感、意志、认识过程的统一，注意力发展程度对于人们完成生活和学习任务有重要的作用。注意力或者说是专注力是重要的学习品质之一。《指导意见》提出，“专注力、坚持性、计划性等学习习惯的养成有助于幼儿入学后更好胜任新的学习任务，且受益终生”[②]。注意力的提升有利于幼儿养成良好的学习品质和学习习惯，为其更好地适应小学学习生活打下

---

① 李玉花．幼儿注意力的评定与干预研究［D］．长沙：湖南师范大学，2020.

② 教育部．关于大力推进幼儿园与小学科学衔接的指导意见［EB/OL］.［2023-07-28］. http://www.moe.gov.cn/srcsite/A06/s3327/202104/t20210408_525137.html.

基础。

在幼儿的发展过程中，注意多为无意注意，有意注意会逐渐形成，幼儿能够通过年龄的增长以及适当的锻炼，会逐渐地主动地调节自己的心理活动去集中和指向于应该注意的事物。良好的注意力是胜任小学学习的基本要求，培养注意力是幼儿“学习准备”的一个重要内容。总的来说，可以从注意的广度、注意的分配、注意的转移以及注意的稳定性出发制订活动方案，从而提高幼儿注意力的提升和发展。

本次研究主要以注意力提升训练为主，在行动研究开始之前利用舒尔特方格对幼儿进行前测，了解中班幼儿的注意力发展情况。通过集体教育活动对幼儿进行注意力提升的训练，培养其良好的学习品质。

一、研究方法

（一）行动研究法

本研究主要采用行动研究法，选取邢台市 D 园的大班作为研究对象，从图像与联想训练、数字与推理训练、感官与运动训练 3 个维度出发，进行 3 轮的行动研究。每轮行动研究都利用舒尔特方格进行前后测，并且遵循计划—行动（实施计划）—观察—反思的研究步骤，开展 3 轮共 9 次教学活动。具体来讲，根据问题制订相应的教育行动计划，行动研究中的观察要与活动同步进行，包括对实施过程、实施结果的观察，并在此基础上进行反思。反思既是前一轮行动的结束，也是下一轮行动的开始。本次的行动研究针对实际教育情境中出现的问题，围绕如何提升大班幼儿的注意力而展开，并与大班的各位幼儿教师沟通合作。本次的行动研究分为 3 轮。首先运用舒尔特方格训练教材对大班幼儿进行前测，之后进行 3 轮行动研究。每一轮行动研究分别从图像与联想训练、数字与推理训练、感官与运动训练 3 方面来进行。每次训练结束后对每次的结果进行分析和反思，以推进下一轮训练的完善和修改。3 轮行动研究结束后，对幼儿进行活动效果后测，得出相关结论和反思。

（二）半结构性访谈

为了解大班幼儿的注意力发展情况及家长对幼儿注意力的关注情况，本次研究还在行动研究前对大班幼儿教师和大班幼儿家长进行了访谈。此后，针对研究过程中出现的问题形成新的访谈问题，对上述两个群体进行二次访谈。

二、行动的前期准备

（一）初步分析现状

1. 教师对幼儿注意力的发展有关注，但认识不全面

在进行行动研究之前，研究者对D园大班幼儿教师进行了访谈，所有大班教师都表示知道幼儿注意力的重要性，并会关注幼儿注意力的发展问题，但对产生注意力分散的原因及如何科学提升幼儿注意力并未进行深刻的思考。当问到“您认为幼儿注意力集中的表现有哪些”时，有些教师简单地归为“幼儿只想干自己想干的事情，其他的事情幼儿都不感兴趣”；有的教师则认为幼儿是“三分钟热度”，让幼儿集中注意力十分困难。当问教师为什么会出现这些情况时，大多数教师会提出这是幼儿年龄过小的原因，也有教师会提到有些因素会导致幼儿注意力分散，比如环境不够安静、活动不够有吸引力等。

2. 幼儿园缺少注意力系统化提升的训练安排

当问到“您尝试过制订专门的活动计划来提高幼儿注意力吗？如果有的话，可以详细说明一下吗？如果没有，为什么呢”时，所有教师都表示并未制订专门的幼儿注意力提升计划。教师认为在平时开展的一些活动中，会有一些涉及注意力的环节，比如要求幼儿安静、坐端正、独立操作玩教具等。

由此可见，该园教师对幼儿的注意力的理解还停留在幼儿行为层面，并未去深入地探讨、挖掘幼儿注意力发展背后的原因，对幼儿注意力问题的认识太过片面。

（二）问题归因

1. 教师对幼儿注意力训练的认识不充分

注意是心理活动对一定对象的指向和集中，包括稳定性、集中性、范围分配、转移，注意本身并不是独立的心理过程，对感知、记忆、想象和思维等心理过程都具有定向、组织和调节等作用。注意也与感知等心理过程一样，是有发生、发展过程的，而且其发展水平直接影响智力发展水平，在幼儿期，对注意力的培养必须给予足够的重视，这对于幼儿能力的发展将带来很大的影响。但是通过对D园师资情况的调研发现，所有大班教师都没有学前教育的学历

背景，其中有一位中年女教师以前曾在村小学工作，后转岗到镇幼儿园。访谈中了解到老师们都知道“注意力”，也认同注意力是一项重要的学习品质，但请她们具体讲讲注意力有哪些分类或表现，又往往答非所问。这说明老师们在“幼儿注意力”这个问题上的心理学、教育学条件性知识储备不足，对如何开展“幼儿注意力”提升活动的实施能力不足。

2. 教师对幼儿注意力训练的重视度不够

正处于升入小学前重要阶段的 5 至 6 岁的幼儿，要从以玩耍为主、学习为辅的环境过渡到有严格规则且需要大量时间进行专注学习的小学环境。只有注意力和专注力发展水平达到一定程度，才能保证孩子在学习、沟通、适应环境等方面达到事半功倍的效果。有研究显示，受过专门训练 6 岁左右的幼儿注意力集中时间可达到 15 分钟，这足以满足小学低年级对有效注意力时间的要求。但是在访谈中，当教师被问到“您认为幼儿注意力不集中会对他/她的发展有什么影响”时，教师仅从幼儿园的角度进行回答，认为注意力不集中的幼儿经常吵闹，不听老师的话，肆意任性，但对幼儿以后的发展会有何影响教师们表示没有考虑过。对于是否要经常开展注意力提升训练，D 园的老师认为孩子大了之后注意力自然就会提高，而且到了小学，基本上都能认真听课。另一方面，老师们也表示自己不知道如何开展专门的注意力提升训练，所以在日常教学中，并没有设计这样的环节。显然，教师对注意力提升训练的认知和重视是较为缺乏的。

3. 幼儿园缺少开展提升注意力活动的条件

幼儿注意力的提升与幼儿技能的掌握不同，幼儿注意力的提升有时不易察觉。首先，班级内幼儿数量较多，教师不能够对每一位幼儿都做到面面俱到的观察，去发现每一位幼儿注意力发展的程度。其次，注意力的提升不是一蹴而就的，需要长时间的坚持。幼儿园内每天需要完成的任务和课程很多，每个班级也都有每个学期需要达成的教学目标，也正是因此，注意力提升的相关活动在开展的过程中会遇到很多困难。最后，幼儿注意力的提升不仅需要教师的努力，还需要家长的支持和合作。教师与家长在提升幼儿注意力这一问题上要保持一致性才能更好地促进幼儿注意力的提升。

三、行动方案的设计

（一）行动目标的制订

本次行动研究的活动目标是通过训练提升幼儿的注意力水平。训练项目集中在注意的 4 个品质，分别是注意稳定性、注意分配、注意转移以及注意广度。

注意的稳定性指的是在同一时间内注意对象的时间的长短。大班幼儿的注意力稳定性通常较弱，注意力很容易因为外界的干扰而被打断。相关提升项目涉及物质环境的创设和对外部干扰因素的控制（如成年人的随意打扰等）。注意分配指的是在同一时间内将注意力分配到两个或者两个以上的物品上。注意转移指的是根据注意对象的改变，将某对象的注意力转移到另一对象上。注意广度指能注意的范围，在较快的一段时间内能够掌握注意对象的数量。

（二）活动方案的设计

根据行动研究的一般程序，本次研究包括方案设计、实践、反思、再设计。在实践的过程中会根据实际情况进行反思，不断调整教学方案。每一轮行动研究都会从图像与联想训练、数字与推理训练、感官与运动训练 3 方面设计，具体包括视觉训练、逻辑训练以及感统训练，尝试从不同角度调动幼儿的感知觉，从而促进其注意力的发展，具体项目见表 4-10。

表 4-10　注意力提升行动研究项目列表

提升项目	注意力类型		
	图像与联想训练	数字与推理训练	感官与运动训练
第一轮	我来找一找	小小飞行员	找蝴蝶
第二轮	找相同	数学游戏	认识自己的身体
第三轮	迷宫游戏	神奇的密码	我爱洗澡

四、行动研究的整体效果分析

在行动研究开始之前，所有幼儿都已经熟练地掌握了 0 至 9 这 10 个数字的识读，并能够熟练进行 1 至 9 的顺序点读。测试开始前，教师都会示范如何进行舒尔特方格点读。在每一轮行动研究之前，研究者使用舒尔特方格对本班幼儿进行了前测。每轮行动研究结束之后，再用舒尔特方格进行后测，以此判断幼儿注意力是否得到了提升。测试结构如表 4-11。

表 4-11 舒尔特方格测试结果

序号	一轮前	一轮后	二轮前	二轮后	三轮前	三轮后
1	20.13	22.41	20.43	20.02	15.13	15.04
2	32.19	35.00	38.00	34.00	34.00	32.52
3	20.59	17.10	18.82	18.82	14.36	14.21
4	34.29	42.38	40.00	39.00	39.00	39.01
5	39.21	29.82	29.33	30.00	26.20	20.36
6	30.64	25.45	22.44	23.01	21.49	19.47
7	30.11	30.00	29.72	29.50	20.46	18.04
8	27.15	27.02	26.50	26.00	20.69	18.56
9	21.32	21.00	19.53	19.26	16.51	16.51
10	25.98	14.28	16.12	16.12	14.49	15.46
11	19.94	31.63	21.27	20.00	24.41	20.67
12	21.92	22.00	21.57	21.09	16.47	15.20
13	17.90	15.16	12.90	12.90	10.60	7.46
14	25.52	18.72	28.46	28.46	16.23	19.87
15	23.47	18.56	18.43	18.35	16.02	16.79
16	38.03	38.00	39.07	38.00	38.43	38.00
17	25.91	16.57	19.39	20.53	19.83	18.02
18	8.71	11.76	10.03	10.42	10.52	10.07
19	22.00	24.66	15.94	16.07	14.68	12.08
20	41.92	30.56	40.00	39.00	35.00	30.46
21	27.63	26.00	33.00	27.04	21.28	21.56
22	21.68	21.00	21.00	21.37	19.91	17.34
23	20.26	19.69	22.85	20.01	17.74	15.56

根据舒尔特方格参考成绩，5 至 6 岁的幼儿能够在 9 秒内完成属于优秀，10 至 12 秒完成属于良，在 20 秒内完成属于及格。从整体的结果来看，D 园大班幼儿的注意力发展程度普遍较低，还需要进一步进行训练。

从前后数据对比来看，虽然数据有所波动，但前后差异不大，不过还是能看出幼儿测试所使用的时间在逐渐减少，虽然幅度不大，但全班幼儿的注意力水平整体有所提高。排除舒尔特方格本身排序对查找速度的影响，结合对幼儿答题状态的观察，可以说明注意力训练初现成效。

五、3 轮行动研究过程报告

（一）第一轮行动研究的实施

1. 活动一：图像与联想训练——“我来找一找”

（1）活动目标：通过对轮廓图的视觉分辨，结合食物匹配的常识训练，提升幼儿视觉注意的分配力和转移能力并扩充其注意力广度；使幼儿在游戏中体验找图形所带来的快乐。

（2）活动准备：教学课件、动物卡片。

（3）活动过程。

①情境引入。

教师：小朋友们，今天我们的教室里来了几位好朋友，大家一起来看一看都有谁吧！（教师出示动物卡片，依次介绍动物卡片上的动物）小猫、小猪、小猴和小兔子要去动物画像展览馆，让我们一起跟随小动物们去参观画像吧！

②找一找。

教师：小动物们去画像展览馆之前，发现自己的画像找不到了，请小朋友们通过画像剪影找到小动物们的画像。（播放教学课件，邀请小朋友找画像）大家已经帮小动物们找到了自己的画像，画像展览馆也为小动物们准备了美味的食物，现在小朋友们帮小动物们把它们爱吃的食物放在它们的盘子里吧！（播放教学课件，邀请小朋友们找合适的食物）

③小猪的自画像。

教师：小猪对着镜子画自己。小猴在小猪画自画像的时候，给它的画拍了 5 张照片，请你根据时间的先后顺序在这些照片下的括号里写上序号。（播放教学课件，请小朋友们填序号）小猪的自画像有些地方画的和小猪不像，你能找出来吗？

图 4-5 “我来找一找”活动照片

(4) 本次活动主要锻炼幼儿的视觉注意的分配力和转移能力，并在找图形的过程中提高其注意力广度。活动过程中教师主要教会幼儿每次查找一个目标物的策略和标记的策略。

2. 活动二：数字与推理训练——“小小飞行员”

(1) 活动目标：使幼儿能够参与类似形状的视觉分辨训练；提升其注意的稳定性和持久性；使幼儿体验游戏的乐趣，培养其良好的注意习惯。

(2) 活动准备：教学课件。

(3) 活动过程。

①情境导入。

教师：小朋友们，上次我们认识了几位动物朋友，大家还记得都有哪些小动物吗？(幼儿回答，教师及时补充) 对了，上次我们认识了小猫、小猪、小猴和小兔子 4 位动物好朋友。今天我们一起看看聪明的小猴子带来了哪些好朋友吧！

②认识“小小飞行员”。

教师：聪明的小猴子发现森林中有许许多多勤劳、可爱的“小小飞行员”，小朋友们想不想认识一下这些可爱的“小小飞行员”呢?(教师播放教学课件)小朋友们仔细观察一下一共有几只飞行着的小动物呢?都有哪几种小动物呢?哪些小动物是相同的?这些飞行着的小动物都拿了什么图形?

③搭建城堡。

教师：大家都找得很对，我们发现一共有 5 种小动物，它们分别是小蝴蝶、小蜻蜓、小蜜蜂、七星瓢虫和萤火虫。小猴子发现这些小小飞行员用自己的图形搭建了一座城堡（展示城堡图片），小朋友们观察一下，试着给这些小小飞行员拿着的图形标上属于自己的数字吧！大家都成功地帮助小小飞行员标注出来属于它们自己的数字，小猴子夸我们的小朋友都特别的聪明呢！

图 4-6　“小小飞行员”活动照片

（4）本次活动主要锻炼幼儿视觉注意的广度和转换能力，训练其手眼协调和视知觉速度，这次活动也对“循序”观察进行了复习。从现场实际观察记录来看，幼儿非常兴奋，呈现出较高的注意力集中水平。

3. 活动三：感官与运动训练——“抓蝴蝶”

(1) 活动目标：通过游戏锻炼幼儿的听觉记忆的精确性，延长其注意力的持续时间；使幼儿体验游戏的乐趣，养成其听觉注意的良好习惯。

(2) 活动准备：教学课件、小蝴蝶卡片。

(3) 活动过程。

①情景导入。

教师：小朋友们，在活动开始之前，先跟老师做一个手指操并且仔细听一听，老师的儿歌里说的是哪种小动物呢？

手指操《小蝴蝶》：小蝴蝶，真美丽。两只翅膀穿花衣，飞到东来飞到西，快快乐乐采花蜜。

②听故事，找蝴蝶。

教师：大家都见过蝴蝶吗，谁来说一说蝴蝶是什么样子的呢？（让小朋友说一说）今天我们一起来找蝴蝶，这只蝴蝶不在院子里，也不在教室里，它偷偷地藏在了老师的故事里，我们一起来找一找它吧！现在，老师为你们朗读这篇小故事。不过，在老师读之前，要先给你们布置个小任务。那就是在听到“蝴蝶”时请立刻拍一下手。（教师可以先进行示范，朗读时一定注意要慢慢加快朗读速度）黑暗中，一只色彩缤纷的蝴蝶正如同一个流浪汉般漫无目的地四处乱逛。突然，蝴蝶发现远方有一点点火光。“那是什么？”从未见过火的蝴蝶迷惑而好奇地自言自语道。当蝴蝶飞近时仔细一看，哦，有红色、蓝色、黄色，多美丽！蝴蝶围绕着那簇火焰飞了好一会儿，越看越喜欢。“这么美丽的东西，味道也一定像田野中的花蜜一样甜美吧。”馋嘴的蝴蝶暗想。于是，小蝴蝶姿势优美地停在半空，准备落在火焰上。“哎哟！疼死我了！”蝴蝶疼得大喊一声，赶紧逃开了。在光亮下，蝴蝶发现自己缺了一条腿，漂亮轻巧的翅膀尖儿也被烧焦了。“这是怎么了？我遇到了什么事？”痛苦不堪的蝴蝶想了半天也想不到答案。

图 4-7 “抓蝴蝶”活动照片

（4）本次活动主要锻炼幼儿的听觉注意和听觉记忆能力。听觉注意是指对有意义声音刺激的选择与集中的能力，也叫作听觉专注力。听觉注意与视觉注意、触觉注意一起构成常见的注意能力。听觉注意对小学生非常重要，因为升入小学后，会不会听课将影响儿童学习表现进而对其自信心产生一定的影响，所以大班教师应当增加听觉注意的训练。在本次活动“找蝴蝶”中，有幼儿出现拍手不准的情况，但是这个训练对大班幼儿来说并不难，之所以出错是因为幼儿以往没有经过类似有意注意的训练，与教师的访谈也证明了研究者的这一猜测。

（二）第一轮行动研究的反思

1. 反思活动方案

在第一个活动“我来找一找”中，有趣的情境导入使得幼儿对于活动产生了浓厚的兴趣，前半部分的活动进行得很顺利，活动与活动之间的衔接与过渡也比较自然。但是在活动后半部分“小猪的自画像”中遇到了一些问题，对于一些幼儿来说这个环节的设置有一定的难度，有些幼儿不能准确地找出顺序，还有一些幼儿只是跟着其他小朋友们乱喊，没有仔细观察。在“找蝴蝶”这一活动当中，活动方案后半部分的实施没有达到预期的效果，当听到“蝴蝶”时幼儿不能迅速反应并拍手，需要教师的提醒。

2. 反思幼儿成长

在第一轮活动开始之前，施测者与本班的教师进行了一定的沟通。该班的教师表示，由于这个班的幼儿是大班中年龄最小的，所以注意力的发展相对较差。在进行第一轮前测时，也遇到了一些问题，有些幼儿对于1至9这些数字还不够熟悉，只会凭借着自己的记忆机械地读数字，不能很好地找到数字，在测试时还容易被其他的事物所吸引。在第一轮后测时，这些幼儿似乎对于测试产生了较大的兴趣，虽然还不能很好地完成，但对于测试有着很大的积极性，注意力也能集中在测试上。

3. 反思教师成长

在本轮活动中，教师存在一些问题。第一，教师的引导痕迹过重，为了让幼儿能够专注在活动和游戏中，教师在活动过程中会提醒幼儿保持注意力，认真听老师说的话。在“找蝴蝶”这一活动中，当幼儿还沉浸于讨论他们喜爱的蝴蝶并且想要站起来和其他小朋友一起分享时，教师为了更好地进行下一部分的活动只做了简单的回应。在游戏进行时，看到幼儿很难集中注意力拍手，教师就全程示范，无法真正地发挥幼儿自身的积极性而使其提高注意力。第二，教师缺乏经验，无法兼顾全部幼儿。在开展活动的时候会听到幼儿说“老师我还没找呢”或者“老师我也想上台回答问题”，这主要是由于教师的经验不足，没有充分的准备，无法兼顾到每一位幼儿。

通过对第一轮行动研究的反思修改制订第二轮行动研究方案并实施。

（三）第二轮行动研究的实施

1. 活动一：图像与联想训练——“找相同”

（1）活动目标：通过视觉搜索、视觉联想提升幼儿的视觉分辨力；结合联想绘画和分类训练，提升幼儿的注意力的目的性、转移能力。

（2）活动准备：教学课件。

（3）活动过程。

①情景引入。

教师：小朋友们，在我们的生活中有很多长得一模一样的物品，小朋友们知道有哪些物品是相同的吗？小朋友们试着找一找，看看我们的教室里有没有相同的物品呢？老师今天带来了几张图片，请小朋友们帮助老师来找一找。

②找相同。

A. 糊涂的厨师。

教师：小朋友们看第一张图片（播放教学课件），图片上糊涂的厨师把菜品上重复了，看看是哪道菜上错了？上错了几道菜？

B. 整理我的鞋子。

教师：鞋柜中的鞋子散落了一地，赶紧把它们配成一对放好吧！（播放教学课件，请小朋友观察，教师注意不要刻意提醒幼儿保持纪律，观察幼儿的反应）

C. 表情找一找。

教师：请小朋友们观察图片中哪些表情是相同的、哪些是不同的，不同在哪里。（播放教学课件）

D. 大树上的嫩叶。

教师：小朋友们，你们能找出大树上两片纹路相同的叶子吗？请小朋友们用手指指出来。（播放教学课件）

E. 草原上的羊驼。

教师：下面哪两只羊驼完全一样？仔细找一找，把它们找出来吧！（播放教学课件）

图 4-8　“找相同”活动照片

2. 活动二：数字与推理训练——“数学游戏”

（1）活动目标：通过视觉扫视和清点物品数量，提升幼儿注意力的广度和分配性；能够正确地点数物品的数量，使幼儿体验数学游戏带来的乐趣。

（2）活动准备：课件与操作卡。

（3）情景过程。

①活动引入。

教师：小朋友们，我们上次活动找了相同的物品，小朋友们都做得特别棒，能够找到相同的物品，今天我们要玩的游戏是有关数字方面的，现在跟随老师一起进入数学游戏的世界吧！

②数学游戏。

A. 树上的小鸟。

教师：现在请小朋友们观察第一张图片（播放教学课件），图片上有一棵大树，树上有好多只小鸟，数数有多少种颜色的小鸟，哪种颜色的小鸟最多呢？最多的小鸟比第二多的多几只？（小朋友回答问题）小朋友们观察得很棒，树上一共有 5 种颜色的小鸟，有红色的、白色的、黄色的、粉色的，还有蓝色的小鸟，粉色的小鸟最多，有 4 只，第二多的小鸟是白色的小鸟，有 3 只。

B. 美味的巧克力。

教师：数一数盒子里相同形状的巧克力有多少个？数清后在括号里填上数字！（播放教学课件）

C. 数字糖葫芦。

教师：图中有几串数字？（播放教学课件，要求儿童快速扫视每串数字糖葫芦，正读长串数字，倒读短串数字）

图 4-9　“数学游戏”活动照片

3. 活动三：感官与运动训练——“认识自己的身体”

（1）活动目标：通过听觉训练提升幼儿注意力的分配性和目的性；能够认识自己的身体部位，并根据口令指出部位。

（2）活动过程。

①情景引入。

教师：小朋友们，在活动开始之前老师想问大家一个问题，大家知道我们身体的部位都叫什么名字吗？（请小朋友回答）

②认识我们的身体。

教师：我们的身体非常神奇，我们的头有鼻子、眼睛、嘴巴、耳朵、眉毛。我们可以用鼻子闻到饭菜的香味，用眼睛看到许多美妙的食物，用嘴巴说话并且吃到美味的食物，用耳朵听到好听的歌声，我们的眉毛像两只可爱的毛毛虫。除了这些我们身体还有哪些部位呢？（请小朋友回答）小朋友们回答得都特别的棒，我们的身体还有胳膊、肚子、大腿。胳膊可以帮助我们提东西，我们圆滚滚的肚子里边有我们吃下去的食物，我们的大腿可以帮助我们走路。

③拍一拍。

教师：我们已经认识了我们的身体，现在我们来做一个拍一拍的游戏，老师说到哪个部位小朋友们就拍一拍那个部位。（教师先示范，然后让小朋友们拍一拍）小朋友们做得特别棒，现在，请第一排的小朋友来到前面，其他小朋友给他们喊口令。（依次让每位幼儿都做一遍）

图 4-10 “认识自己的身体”活动照片

（四）第二轮行动研究的反思

1. 反思活动方案

本轮行动研究的活动方案在第一轮行动研究的难度上进行了调整，设计出更加适合幼儿的内容，更好地调动了幼儿的积极性、主动性。为了使每位幼儿都可以有回答问题的机会，在一个活动中设置了相互衔接的环节，每个环节设置几个题目让幼儿来回答。

2. 反思幼儿成长

幼儿的成长体现在一日生活当中，幼儿去上厕所或者去喝水的时候都习惯排队拉火车，之前带领幼儿拉火车时，幼儿经常因为注意力不集中而掉队或者跑出队。但最近发现幼儿在拉火车的时候很自觉地排成一队，掉队和跑出队的情况也有所改善，只发生在一小部分幼儿身上。注意力的提升不是一蹴而就的，虽然幼儿在不断地成长发展，但这还需要很长时间的训练。

3. 反思教师成长

经过上一轮的反思，此次活动进行时，教师不再去做过多的提示和引导，让幼儿不经过教师的提醒自己去集中注意力，把自己的注意力放在活动之中。但是教师缺乏应对突发状况的能力，在活动进行时，有一些小朋友会出现想要去喝水或者上厕所的情况，这个时候幼儿的注意力会被分散，再次集中到活动中还需要一些时间。

通过对第二轮行动研究的反思修改制订第三轮行动研究的方案。

（五）第三轮行动研究的实施

1. 活动一：图像与联想训练——“迷宫游戏”

（1）活动目标：通过立体的迷宫图训练幼儿的空间方位感以及注意力集中与抗干扰能力；能够认真地观察图片并找出路线；养成集中注意力的好习惯。

（2）活动准备：教学课件、迷宫卡片。

（3）活动过程。

①情境引入。

教师：小朋友们，你们见过迷宫吗，迷宫是什么样子的，你会走迷宫吗？现在跟随老师一起去迷宫探险闯关吧！（将迷宫卡片发给幼儿）

②迷宫游戏。

A. 小老鼠吃奶酪。

教师：我们一起来看一看第一个迷宫小游戏是什么吧。（出示第一张迷宫图）小老鼠肚子饿了，它闻到了香香的奶酪味，它应该怎么走才能吃到奶酪呢？（教师可以先让幼儿自行寻找，之后再进行指导）

B. 丛林小探险。

教师：刚才小朋友们都找得特别好，接下来我们看第二张图。（出示第二张迷宫图）小红帽要去森林里找奶奶，森林中很危险，你能帮助她安全找到奶奶吗？

C. 吃到想吃的。

教师：现在小朋友们观察第三张图片，你们能不能帮助小动物们吃到它们想吃的食物呢？（出示第三张迷宫图）用手指帮助小动物们走一走，看看它们哪一个能吃到自己喜欢吃的食物。

D. 拯救小兔。

教师：小朋友们真棒，现在我们已经到了最后一张迷宫图了，我们一起看一看吧！（出示第四张迷宫图）小兔子不小心在迷宫里面走丢了，你能帮助它按照箭头的方向找到出口吗？

③活动延伸。

教师：拿迷宫卡片回家，和爸爸妈妈一起玩迷宫游戏。

图 4-11 “迷宫游戏”活动照片

2. 活动二：数字与推理训练——“神奇的密码”

（1）活动目标：通过对复杂轮廓中的目标图形的分辨，提高幼儿的注意力和抗干扰能力；利用代码与数字之间的互换来训练幼儿的观察力和记忆力，使其体验解密游戏带来的乐趣。

（2）活动准备：教学课件、操作卡。

（3）活动过程。

①情境引入。

教师：小朋友们，你们还记得森林里的小猪、小兔和小狗吗？今天呀，小猪、小兔和小狗要去寻找神秘的宝藏了，让我们一起去看一看它们遇到了什么吧！

②三角形密码。

教师：小猪、小兔子和小狗来到了第一关（播放教学课件），想要通过第一关就要帮助小猪、小兔子和小狗找到对的密码。数数图形中有几个三角形呢？看看小猪的密码是几呢？我们一起来数一数有几个三角形。小朋友们说密码是2，我们一起伸出手指找到密码2吧！小朋友们答对了，小猪的神奇密码是2。接下来我们一起来看一看小兔子的密码是什么吧，一起来数一数有几个三角形。有小朋友说是两个，小朋友们再仔细找一找，是不是还有一个三角形呢？所以小兔子的密码是3，我们一起输入密码吧！最后我们来看一看小狗的密码，小狗的密码有一点儿难，请小朋友们仔细数。小狗的密码是5，一共有5个三角形。我们一起来输入密码吧！小朋友们都特别棒，我们已经完成了第一关，接下来我们一起来看第二关。

③神奇的记事本。

教师：由于各位小朋友的仔细观察和认真分析，我们已经帮助小猪、小兔子和小狗完成了第一关。我们一起来看看第二关要寻找什么样的密码。这里有本神奇的记事本，每个小动物只有把自己记事本的密码解出来才可以得到最后的宝藏。仔细观察图形和数字有什么关系，各种图形分别代表了什么数字。（播放教学课件）现在来看小猪的密码，经过与图形进行对比，小猪的密码是265493817。小朋友们观察得十分仔细，接下来看一下小兔子的密码吧，小兔子的密码是680492735。最后一个密码啦，请小朋友们一定要仔细观察。小狗的密码是357206184。我们已经帮助小动物们把神奇的密码全部找到了，小猪、小兔子和小狗也找到了属于它们自己的宝藏啦。

④活动延伸。

教师：请小朋友们和自己的爸爸妈妈根据图形设计属于自己的密码，并与爸爸妈妈一起分享所设计的密码，并尝试互相找出密码。

图 4-12 “神奇的密码”活动照片

3. 活动三：感官与运动训练——“我爱洗澡”

(1) 活动目标：通过游戏锻炼幼儿听觉记忆的精确性，提高其注意力的稳定性；复习身体部位名称，幼儿能够跟随音乐和指令做出动作；体验游戏的乐趣；养成爱洗澡、爱干净的好习惯。

(2) 活动准备：教学课件、教学视频。

(3) 活动过程。

①情境引入。

教师：小朋友们，在今天活动开始之前我们先来看一段视频。(请幼儿观看视频并回答问题) 视频中的小孩子在做什么?

②复习身体部位名称。

教师：刚才我们看到视频中的小孩子正在洗澡，小朋友们在家都什么时间洗澡? 是自己洗澡还是爸爸妈妈帮助你们洗澡呢? 我们洗澡的时候会怎样洗呢? 你会洗到身体的哪些部位呢? 之前我们玩了拍一拍的游戏，今天我们来复

习一下这些动作。（复习身体部位名称，重新玩身体拍一拍的游戏）

③学会洗澡动作。

教师：现在小朋友们想一想，我们在洗澡的时候是怎样洗头的？是怎样洗脸的？是怎样洗肚子的？是怎样洗胳膊的？是怎么样洗腿的？（幼儿演示洗澡动作）我们已经知道了怎样洗澡，那么现在我们跟随音乐一起来洗一洗吧！（播放《我爱洗澡》的音乐）

④听口令进行动作。

教师：刚才我们随着音乐洗了一个干干净净的澡，现在老师来喊口令，你们根据老师喊的口令来洗身体的部位。（播放音乐《我爱洗澡》，教师随机喊口令，幼儿完成动作。音乐播放完进行第二次操作，加快喊口令的速度。分组进行，一组在前边做动作，其他幼儿跟随音乐喊口号，轮流进行，教师及时观察和评价幼儿的表现）

⑤活动延伸。

教师：回家后，小朋友可以和家人一起跟随音乐喊口令、做动作。（所需音乐提前发给家长）

图 4-13　“我爱洗澡”活动照片

(六)第三轮行动研究的反思

1. 反思活动方案

本轮的行动研究是在前两轮行动研究的基础上进行的，进一步训练幼儿的注意力。相比前两轮的活动方案本轮形式更加丰富，也兼顾每位幼儿。比如幼儿很喜欢第二轮行动研究中感官与运动训练模块的活动，课堂上的积极性比较高，故此在第三轮行动研究中完善活动方案，加入音乐律动的方式，增添活动乐趣的同时对幼儿进行训练。同时，给予每一位幼儿上台展示的机会，让他们体会游戏活动的乐趣。

2. 反思幼儿成长

在本轮行动研究中，通过走迷宫、找神奇的密码、玩我爱洗澡的游戏进一步训练幼儿的注意力。在活动过程中，幼儿的配合度越来越好，也越来越认真，当提出让幼儿在图片中寻找答案时，有一些幼儿能够很快地找出来并且举手回答自己找到的答案。

3. 反思教师成长

在本轮行动研究中，教师更多地让幼儿自己去探索，当幼儿遇到困难时教师再对幼儿的问题进行解答。所以部分活动先给予幼儿足够的时间去寻找、去发现，才能更好地对幼儿进行注意力的训练。

本次行动研究到此已经基本完成，较为全面地涵盖了视觉注意、听觉注意和触觉（运动）注意。但是幼儿注意力的提升训练还需要持续进行，要继续尝试新的方法和新的途径，保证幼儿注意力的提升训练能够有效开展。

六、教育建议

注意力是幼儿学习和生活的基本能力，是智力结构中的重要组成部分，是记忆力、观察力、想象力、思维力的准备状态，它从始至终贯穿于整个心理过程，只有先关注到一定事物，才可能进一步去观察、记忆及思考等，因此注意力对于幼儿的智力活动极其重要，同时也对幼儿与外界环境事物的接触融合起着至关重要的作用。

幼小衔接阶段的幼儿好奇心强，兴趣点明显增多，自发性探索欲望愈加强烈，因此大班幼儿的注意力非常容易受到干扰而分散，对枯燥内容缺乏兴趣，这就需要家长和老师定出有针对性的适时培养策略，才能稳步提高孩子注意力和专注力水平。心理学研究显示，幼儿的专注力有3个明显的特点，即专注的范围比较小、缺乏稳定性、专注力不容易转移，所以在家庭和幼儿园的教育中，要尊重和充分利用这些特征进行环创和教育教学活动的创设。

（一）创设安静、简单的环境，减少无关刺激的干扰

由于幼儿以无意注意为主，所以需要幼儿集中注意力做事时，就需要让幼儿远离新鲜、多变、强烈的刺激。幼儿园要注意教室内物品的摆放，如室内玩具要分门别类地放置，井井有条；教师的着装也要得体和美观，动作要适度，肢体语言应该优美准确；家里也要尽可能给孩子安排独立的学习环境，孩子需要专心学习做事时，家长要尽可能保持安静，不要随意打扰孩子，更不要将玩具、电视等可能吸引孩子注意力的物品摆放在学习场所。

（二）科学设计活动内容，多方面发展幼儿注意力

6岁左右的幼儿对世界充满了探索的愿望，如果认真观察幼儿的表现，就会发现幼儿无法从活动中体会到快乐或满足时就会不自觉地东张西望、开小差。因此，老师或家长要科学地设计活动内容，在满足或提高孩子兴趣的基础上，把专注力训练与知识习得相结合。同时，要注意活动内容的难度，根据维果茨基的最近发展区理论，要在幼儿已有经验和能力水平的基础上展开教学活动。活动太难，超出幼儿的经验和能力范围，幼儿难以驾驭，进而出现畏难情绪，即使活动形式再花哨，也不能引起幼儿的注意；如果任务难度太低，对幼儿没有丝毫挑战性，幼儿也不会感兴趣，会有开小差的表现。所以，家长和老师要充分了解孩子的兴趣点，在孩子感兴趣的基础上，培养其稳定、集中的心理品质。

（三）通过游戏训练幼儿的注意力

本次行动研究结果显示，幼儿往往在游戏中出现精神高度集中的状态，全身心投入其中。然而由于错误的教育观，依然有很多家长和教师认为“游戏”或“玩”不能学到东西，是浪费时间，因此非常抵触游戏，但非常喜欢传统的“讲授”和“练习”。实际上，注意力作为一种心理品质具有迁移性，幼儿在自己喜欢的游戏中培养起来的专注体验，可以迁移到日后的小学学习或其他事情中去。成年人看到并尊重幼儿热爱游戏的特点，为孩子选择合适的游戏，比如

静态游戏的拼图、搭积木、穿珠子等，就可以从简单模式开始，逐渐加大难度，让孩子在不断挑战的过程中享受完成任务的成就感，这将有助于幼儿养成好的注意力品质。还可以选择一些幼儿喜爱的动态游戏，帮助幼儿养成长时间注意的习惯。如将幼儿分成小组，教师给出一系列不同的指令，例如跳跃、转身、鼓掌，幼儿需要根据指令迅速做出相应的动作，训练幼儿的注意力和听知觉转换能力。教师还可以根据幼儿的反应速度和准确性进行评分，增加游戏的竞争性和激励性。幼儿非常喜欢这类游戏，在家里也可以采用。

（四）做好家园共育

本次调研发现，很多家庭在幼儿的注意力培养问题上存在认识误区。首先，通过家长访谈发现，一些家长对幼儿的注意力问题不重视，如有些家长认为“孩子可能现在注意力不集中，但是等年纪大一些就好了，不需要专门地去进行训练”；有些家长认为，对幼儿的注意力进行训练提升是幼儿园的事情，“我们做家长的也不太懂这些，我们把孩子送到幼儿园，就是相信老师能让孩子各方面都得到照顾”。这两种观点很普遍，从根本上讲都是“放任”。研究一再证明，生理年龄的增长并不一定带来心理年龄的成熟，或者说心理品质的成熟，所以忽略对幼儿学习品质的有意识提升肯定会影响幼儿的习惯养成，而习惯最终将外显为行为。后一种现象还提醒我们，要加强对家长的指导，提高家长科学育儿的观念与能力，具体措施有以下几点。

1. 教师通过开展家长会或者亲子活动让家长感受到注意力提升训练的重要性

比如孩子很难静下心来去学习、去做一件事或者沉迷电子游戏时，教师就可以利用家长会的机会，向家长宣传这一方面的知识。注意力不集中会影响到孩子以后的学习生活习惯，从小养成好的习惯对于孩子来说是十分重要的。

2. 家长要树立榜样，以身作则，积极配合幼儿园教师的工作

比如家长可以放下手机，安安静静地陪孩子读一本绘本或者故事书，观察孩子在读书的过程中会出现什么不好的行为，在以后的日常生活中有意识地去改变这些不好的行为，让孩子养成良好的习惯。同时，对于家园共育的活动家长要积极配合。

（五）在日常生活中培养注意力

对于幼儿注意力的发展来讲，并非只有通过各种有目的的教学或游戏才能实现。家长在日常生活中也可以随时开展注意力提升训练。注意力是一种基于兴趣的精神集中，所以只要孩子感兴趣的事情，家长和教师都可以充分利用起来。比如，经常做“体会一分钟”的训练，让孩子感受一分钟的长度，假以时日，孩子会形成时间概念，知道自己做事需要多长时间，形成一种自我掌控感和高效做事的意识与习惯；又如“还原物品”游戏，家长选择幼儿熟悉的若干物品，按一定顺序摆放，让幼儿认真观察一定时间后，让幼儿转过身，家长把物品顺序打乱，再让幼儿转回身按物品起始顺序复原，这个游戏可以很好地锻炼幼儿的注意力和视知觉转换能力；还可以在家每天使用舒尔特方格训练视觉注意力，通过听一段话记住特殊词语出现的次数来训练听觉注意力，用金鸡独立训练身体平衡性和运动注意力等。只要家长能够转变观念，不把幼儿教育单纯地理解为“知识习得”或“技能提高”，就会发现很多促进幼儿发展的有趣的方式方法。

第五章　小学入学适应教育调查研究

小学1、2年级，尤其入学的第一个学期，是儿童人生中遇到的第一个重要转折期。根据德国哈克教授的幼小衔接断层理论，儿童会普遍经历关系人的断层、学习方式的断层、行为规范的断层、社会关系的断层、期望水平的断层、学习环境的断层。大量教育实践证明，每个类型的断层都会给儿童适应小学生活带来挑战。被家长追捧的“抢跑”“提前学”虽然与学业成绩显著相关，但是与学生的学习适应性水平没有显著相关性，而学习适应性与学生长期的学业成绩显著相关。[①] 可见，知识的准备不是入学适应的关键，更不是入学适应的全部。

2021年发布的《指导意见》与《小学入学适应教育指导要点》对新时期我国小学做好小幼衔接、提高小学生入学适应水平提出了新的要求与行动方向。本次研究以河北省邢台市D小学为个案，对小学生入学适应水平、小学入学适应教育及家校园合作情况展开调研。

一、入学适应的内涵

“适应”的英文“adaptation”一词来源于拉丁文中的“adaptare”，最早出现在生物学当中，用来表示能增加有机体生存机会的身体上和行为上的改变。

学界与教育界关注更多的是幼儿的“入学准备”，而对小学入学适应关注不足，这就反映出一个认识上的误区，即人们普遍将“幼小衔接”等同于“入学准备”。但是从概念上来看，入学准备强调的是儿童入学前应当具备的关键

---

① 孟萍．幼小衔接背景下小学一年级学生学习适应性的调查研究：以天津市三所小学为例［D］．天津：天津师范大学，2013.

素养，而入学适应侧重于在学习过程中学生主动调整自身身心状态以适应变化了的学习环境，以获得良好学习效果的一种能力倾向。前者关注“养成”，后者关注“调整”。本书认为“入学适应”具体是指在家长和老师的帮助和指导下儿童自身在学习、自我服务、行为规范、人际交往上的适应。入学适应是一个过程，而不是一个结果，在这个过程中儿童需要借助各类校内外的活动不断调整自己，使自身得到发展。与入学准备相比，入学适应更需要各利益相关者做好“为儿童的准备”。

二、有关入学适应研究的文献综述

2012 年 9 月教育部颁布《小学教师专业标准》，要求小学教师了解幼小衔接阶段小学生的心理特点，掌握小学生从幼儿园到小学顺利过渡的方法。[①] 这是指向小学的关于幼小衔接的第一个政策文本，但也仅仅是对小学教师的素养提出了要求。教育部 2021 年公布的《小学入学适应教育指导要点》和 2022 年公布的义务教育课程方案和课程标准（2022 年版）为落实入学适应工作提供了法律依据。《小学入学适应教育指导要点》提出坚持儿童本位原则，以“形成科学衔接的教育生态”为政策目标，以“推动儿童适应小学生活和学习”为政策任务，从“身心适应、生活适应、社会适应和学习适应”4 个方面提出了具体要求。在如何开展教育实践方面，《小学入学适应教育指导要点》明确要求小学要主动与幼儿园对接、设置入学适应期、调整 1 年级课程与教学、创设适宜的环境、关注个体差异等，严禁“提过高的统一要求或进行横向比较，以免挫伤儿童入学的积极性”[②]。2021 年，中共中央办公厅，国务院办公厅印发了《关于进一步减轻义务教育阶段学生作业负担和校外培训负担的意见》，重申“双减”的立足点是关注儿童发展，要求教师以儿童身心发展水平与特点为

---

① 教育部．小学教师专业标准[EB/OL].（2012-09-13）.［2023-07-15］. http://www.moe.gov.cn/srcsite/A10/s6991/201209/t20120913_145603.html.

② 教育部．小学入学适应教育指导要点[EB/OL].［2023-08-20］. http://www.moe.gov.cn/srcsite/A06/s3327/202104/t20210408_525137.html.

基础，关注儿童在学习和发展方面的实际需要。① 目前我省小学基本可以做到1、2年级不布置作业，不进行纸笔考试。如果说“双减”从制度设计上减缓了衔接坡度，义务教育课程标准（2022年版）则从教学内容、教学方式等方面回应了“科学衔接”的要求。

与入学准备的研究不同，入学适应的系统研究起步较晚，因而得以更加充分地运用当前各种主流研究模式。如基于利益相关者视角，对教师、家长、儿童在1年级新生入学社会适应过程中的所感、所为、所思进行的质性研究，此研究将入学适应视为一个系统，对系统内各种冲突、协调、需求进行了分析。又如基于教育生态系统理论和断层理论，对幼儿园和小学在课程建设方面如何开展双向衔接的研究；对幼儿园和小学各利益相关者在“课程生态之痛”“教师生态之惑”“家长生态之惘”“政策生态之疲”的表现进行的实证研究，此研究提出以课程、师资、家教、政府引领与监管等顶层设计与支持系统建设为破局路径②；对幼儿园与小学教师对双向幼小衔接认知与教育实践进行的实证研究，此研究提出环境一体化、师资一体化、课程一体化的双向幼小衔接方式③。再如从共生理论进行的家校协同对小学生低年级学生行为习惯养成的影响的研究，此研究从个体、家庭、学校、教师、社会和同伴因素分析了问题产生的原因，并在此基础上开展了行动研究，提出家校协同，通过细化规则、强化行为习惯、加强自主管理等方式提高低年级小学生行为习惯养成④；围绕低年级小学生语言、数学、体育等适应能力提升的调查研究；还有国别研究、政策研究。总体来讲，有关入学准备的研究既有大范围现状的调查研究，也有微观层面的课程建设、教学经验等方面的研究；量化研究较多，质性研究相对较少，对利益相关方的研究还有继续深入的空间。

---

① 中共中央办公厅，国务院办公厅．中共中央办公厅　国务院办公厅印发《关于进一步减轻义务教育阶段学生作业负担和校外培训负担的意见》[EB/OL]．[2023-06-15]. http://www.moe.gov.cn/jyb_xxgk/moe_1777/moe_1778/202107/t20210724_546576.html.

② 许静晔．生态圈视角下幼小衔接的现实困境及突围之道：以上海市X区为例［D］．上海：华东师范大学，2022.

③ 赵茭．幼儿园与小学教师对双向幼小衔接认知与实践的研究［D］．上海：华东师范大学，2022.

④ 初申申．家校协同视角下小学低年级学生行为习惯养成的行动研究：以北京市A小学为例［D］．桂林：广西师范大学，2022.

三、小学新生入学适应教育调查研究

本研究认为“入学适应教育”是指为了教育引导儿童、家长、教师促进刚从幼儿园升入小学的1年级新生与身边人、事、物达成和谐共处并及时进行自我调适的教育实践活动。《小学入学适应教育指导要点》主要考查1年级小学生身心适应、生活适应、社会适应和学习适应的情况，《指导意见》考查小学环境准备、师资准备、课程与教学准备、家校合作、幼小协同教研等情况。

（一）研究问题与研究对象

本次研究以邢台市D小学为个案，对2023年入学的149名新生家长展开入学适应情况调研，对12位1年级班主任及部分学校教育管理者进行访谈。研究目的在于了解1年级新生入学适应情况及学校的衔接策略与具体方法。

（二）研究方法

研究主要采用文献法、问卷法、访谈法等。

1. 文献法

对已有入学适应或幼小衔接小学部分的相关研究进行梳理，确定本次入学适应研究的主要问题和研究维度，为问卷和观察表、访谈提纲等研究工具的编制提供理论依据。

2. 问卷法

本次问卷调查主要面向家长，使用家长报告了解新生入学适应情况。根据《小学入学适应教育指导要点》，结合本地教育教学背景及实际条件，编制“小学1年级新生入学适应现状”调查问卷，问卷在D小学面向家长发放。通过对问卷进行信效度检验、探索性因子分析、无效问卷剔除等操作，问卷最终包括4个维度、16个子维度，共计18个题项，其中身心适应维度3题、生活适应维度5题、社会适应维度5题及学习适应维度5题（表5-1）。问卷内部一致性检验结果为0.821，KMO值为0.810，具有较好的内部一致性和效度。问卷使用李克特五级赋分制，1至5分，分值越高说明适应情况越好，分值越低说明适应情况越差。社会适应维度有一道反向计分的题目，数据分析时已做相应处理。

表 5-1 小学 1 年级新生入学适应情况问卷题目构成

维度	题目
身心适应	您的孩子向往小学生活，喜欢上学 您的孩子积极参加学校和班级的活动 您的孩子喜欢运动，有体育锻炼的习惯（如经常参加某种体育活动）
生活适应	您的孩子作息规律，能够早睡早起 您的孩子生活自理能力很强（如可以自己穿衣服、系鞋带、吃饭等） 您的孩子能够根据学校课程安排收拾学习用品 您的孩子有很强的安全意识（如能够安全过马路、有防拐骗意识、不追跑打闹等） 您的孩子会力所能及地做家务
社会适应	您非常重视孩子良好品格的培养（如帮助他人、有集体荣誉感、热爱祖国等） 您的孩子遇到困难总是第一时间请求成人帮助 您的孩子回家后经常说起学校发生的趣事 您认为孩子的人际交往能力很强 您的孩子严格遵守学校和班级纪律
学习适应	您非常重视孩子良好学习习惯的培养（如自主阅读、做事有条理等） 您经常带孩子去图书馆、博物馆、科技馆、植物园 您觉得孩子对学习感兴趣 您经常辅导孩子学习 您认为自己的家里有浓厚的阅读或学习氛围（如有一定藏书、家人有阅读习惯等）

3. 访谈法

为了对调查结果进行进一步分析说明和原因剖析，本研究采用半结构式访谈，对 1 年级新生家长、小学教师、幼儿园教师进行深入访谈。

（三）D 小学 1 年级新生入学适应现状

1. 入学适应整体情况分析

表 5-2　D 小学入学适应调查参与者（家长）基本情况表

维度	选项	人数	百分比（%）
性别	男	43	29
	女	106	71
读 1 年级子女的年龄	6—6 周半	24	16
	>6 周半且<7 周岁	77	52
	≥7 周岁	48	32
子女数量	1 个	21	14
	2 个	116	78
	3 个及以上	12	8
主要抚养人	父母	97	65
	祖辈	12	8
	父母及祖辈	40	27
子女是否接受过幼小衔接教育	是	113	76
	否	36	24
子女入学前就读幼儿园的类型	公立	38	26
	私立	111	74
参与者个人年收入	<2.5 万元	16	11
	2.5 万—5 万元	30	20
	>5 万且≤10 万	71	48
	>10 万	32	21
参与者职业	政府机构/行政管理部门	19	12
	教师	24	16
	企业职工	41	27
	自由工作者	20	13
	其他	45	30
参与者学历	高中/中专	26	17
	大专	35	24
	本科	74	50
	研究生及以上	14	9
总人数		149	

从表 5-2 来看，2023 年入校的学生家庭有以下特征。

（1）家长文化水平较高，接受过高等教育的家长占到 83%，其中本科及以上占 59%。从开放式题目“您对提高孩子的入学适应水平有哪些建议”的填答结果来看，受教育程度高的家长更关注孩子学习习惯的养成。

（2）主要抚养人为父母的占65%，仅由祖辈隔辈养育的只占8%。

（3）学生入学前接受过某种类型的幼小衔接教育的比例较高，达到76%，说明家长普遍意识到幼小衔接的重要性。

（4）78%的家庭有2个孩子，其中独生子女家庭仅占14%，有3个及以上孩子的家庭占8%。家庭人口结构的不同对父母的教养方式形成了明显的影响。最突出的一点是，多孩家庭对儿童入学的焦虑程度明显低于独生子女家庭。

（5）本次问卷填答者以女性为主，结合对教师的访谈，可以了解到D校1年级学生家庭中母亲多负责孩子的教育和家校联系。

（6）本次填答者的家庭经济状况总体情况良好。根据中经数据的统计，2022年邢台市人均收入为26 907元①。本次调研中，家长年收入低于2.5万元的16人，占总数的11%，中等收入（>5万且≤10万）的占48%，相对高收入（>10万）的占21%。结合家长职业分布可知，填答者家庭经济社会背景普遍较好。经济条件差的学生家庭已经全部做好建档立卡，能够保证学生的学业不受经济的影响。

表5-3　1年级新生入学适应情况描述统计结果

维度	N	最大值	最小值	均值	标准差
身心适应	149	5	1	4.38	0.79
生活适应	149	5	1	4.08	0.82
社会适应	149	5	2	4.19	0.80
学习适应	149	5	1	3.95	0.83
入学适应	149	5	1	4.15	0.84

从表5-3来看，若以1至5的中间值2.5为基准，则研究结果中入学适应均值4.15在中间值2.5以上，且更接近最大值，因此可以初步判断D小学1

① 邢台居民人均可支配收入（元/人）[EB/OL]. https://wap.ceidata.cei.cn/detail?id=1uqFjCG7CrY%3D.

年级新生入学适应整体情况良好，处于中上水平。并且根据均值大小可知，D小学1年级新生在身心适应方面适应最佳，均值最大且超过入学适应均值，而学习适应方面的表现最弱，均值最小。

2. 入学适应各维度情况分析

从本次调查结果来看，D校1年级新生身心适应方面表现最好，均值4.38，是所有维度中最高的。68%的家长反馈孩子向往小学生活，喜欢上学，仅有不足7%的家长报告孩子对上学兴致缺缺，说明D校1年级新生普遍对上学感兴趣。在孩子是否乐于参加校内活动方面，70%的家长报告孩子非常愿意，22%的报告愿意参加。与教师的访谈也印证了D校1年级的户外集体活动比较多，新生参加活动的积极性较高。在体育锻炼方面，29%的家长反映孩子擅长至少一种体育活动，37%的家长反映孩子能够定期参加体育活动，还有约1/3的孩子偶尔参加体育活动但不热衷，教师的反馈也能呼应这个结果。（表5-4）

表5-4　身心适应方面的具体表现情况

具体表现	N	最大值	最小值	均值	标准差
向往上学	149	5	1	4.59	0.70
校内活动	149	5	2	4.63	0.62
体育锻炼	149	5	2	3.92	0.84

从本次调查来看，D校1年级新生在生活适应方面表现一般，均值为4.08，标准差较大，为0.82。各维度中，整理文具平均分最高，达到4.31。生活自理（如可以自己穿衣服、系鞋带、吃饭等）的表现紧随其后，均值为4.30，标准差为0.74。相关分析显示，接受过一定幼小衔接教育的儿童在整理文具、生活自理方面的表现高于未接受过幼小衔接教育的儿童，部分程度上说明幼儿园的入学准备教育取得了实质性效果。作息规律和安全意识方面表现一般，作息规律的标准差大于0.8，说明个体间差异较大，安全意识一项的标准差最低，为0.71，说明家长对儿童安全意识有待提高的认知较为统一。最后，本次调研结果显示，幼儿在做家务一项得分最低，均值为3.64，说明大

部分幼儿缺少家务实践。需要说明的是，该题目的标准差达到 0.89，说明儿童在做家务方面存在比较明显的两极分化现象。（表 5-5）

表 5-5　生活适应方面的具体表现情况

具体表现	N	最大值	最小值	均值	标准差
作息规律	149	5	1	4.07	0.82
生活自理	149	5	2	4.30	0.74
整理文具	149	5	1	4.31	0.76
安全意识	149	5	2	4.06	0.71
做家务	149	5	1	3.64	0.89

从本次调查结果看，在社会适应方面儿童表现最好的是遵守纪律，均值 4.64，且差异较小（0.59），说明儿童普遍具有纪律性，这与该阶段儿童道德发展处于“他律”的阶段特征高度符合。家长反映孩子在融入集体方面表现较差，均值仅为 3.88，且差异较小（0.78），说明儿童对环境的变化尚未完全适应，归属感与集体荣誉感尚在建立期。在良好品格方面，本次问卷使用“您非常重视孩子良好品格的培养（如帮助他人、有集体荣誉感、热爱祖国等）”的表述，更多的是对家庭品德教育的考查，此方面均值 3.92，也不算高，而且标准差较大。这既可以与融入集体均值较低形成呼应，也从一定程度上说明家庭在德育方面的关键作用，因为融入集体不仅需要儿童适应物质环境，更需要儿童在人际交往中展现自己的亲社会性。在“您认为孩子的人际交往能力很强”一题中，有 46 位家长报告“一般”，3 位家长报告“不符合”。虽然该项整体得分较高（4.45），但多数家长对孩子是否擅长社交并不自信，通过家长访谈，家长对孩子人际交往能力高低的判断依据主要来自老师是否专门就这个问题与自己沟通过，显然，这个题目的均值存在虚高现象，1 年级新生的人际交往能力有待提高。（表 5-6）

表 5-6　社会适应方面的具体表现情况

具体表现	N	最大值	最小值	均值	标准差
良好品格	149	5	2	3.92	0.83
主动求助	149	5	2	4.08	0.81
融入集体	149	5	2	3.88	0.78
人际交往	149	5	2	4.45	0.67
遵守纪律	149	5	2	4.64	0.59

在 4 个一级指标中学习适应的总体均值最低，仅为 3.95。在 4 个正向计分题目中，均值在 4 以上的有学习习惯、学习兴趣两项。其中，学习习惯是对家长行为的考查，题目为“您非常重视孩子良好学习习惯的培养（如自主阅读、做事有条理等）”，该项均值为 4.32，说明家长重视儿童学习习惯的培养；从填答结果来看，44.3%的家长能完全做到，44.3%的家长报告能较多做到，这两部分家长占了总数的 88.6%。该项标准差为 0.69，说明家长都很重视孩子学习习惯的培养。

学习困难是一个反向计分题目，其具体表述为“您经常辅导孩子学习”，该题用以报告儿童对小学学业的不适应程度，其均值为 4.26，标准差为 0.79，说明学业不适应的问题较为普遍，且家长在辅导孩子学习上投入较多。接触社会和家庭氛围也是从家庭支撑的角度来考查。其中接触社会的具体表述为“您经常带孩子去图书馆、博物馆、科技馆、植物园”，均值为 3.58，说明家长在为儿童提供求知情景方面投入不足，值得注意的是该项标准差高达 0.98，说明家庭间差异非常明显，可以初步判断，部分家长没有带孩子广泛接触社会和自然环境、培养儿童乐学好问的意识。在家庭氛围方面，“您认为自己的家里有浓厚的阅读或学习氛围（如有一定藏书、家人有阅读习惯等）”一题中，超过一半的填答者报告不认为自己家庭有浓厚的阅读或学习氛围，这种情况非常不利于儿童形成自学意识、主动学习意识和自学能力。（表 5-7）

表 5-7 学习适应方面的具体表现情况

具体表现	N	最大值	最小值	均值	标准差
学习习惯	149	5	2	4.32	0.69
接触社会	149	5	1	3.58	0.98
学习兴趣	149	5	2	4.07	0.73
学习困难	149	5	1	4.26	0.79
家庭氛围	149	5	2	3.52	0.88

四、D 小学 1 年级新生入学适应影响因素分析

（一）性别因素

根据表 5-8 可知，小学 1 年级新生的性别对其入学适应没有显著影响，但是女生略微好于男生；在身心适应、生活适应、社会适应、学习适应方面均无显著差异。

表 5-8 性别因素对儿童入学适应及各维度的影响（N=149）

因变量	男生	女生	t 值	p 值
身心适应	1.5736	1.6384	−0.65	0.519
生活适应	1.8884	1.9396	−0.48	0.636
社会适应	1.7767	1.8189	−0.45	0.653
学习适应	2.093	2.1415	−0.4	0.692
入学适应	1.8329	1.8846	−0.59	0.554

注：$*p<0.05$，$**p<0.01$，$***p<0.001$

（二）独生子女因素

2023 年秋季入学的儿童出生年份集中在 2017 至 2018 年，彼时我国刚刚落实全面二孩政策，因此掀起了一个小的生育高潮。此次调查结果显示，约 78%的家庭有 2 个孩子，8%的家庭有 3 个及以上的孩子，独生子女占比仅为 14%。但是根据本次调研的数据（表 5-9），可以看出家庭子女数量对入学适应

没有显著影响。

表 5-9　是否独生子女对儿童入学适应及各维度的影响（N=149）

因变量	独生子女	非独生子女	t 值	p 值
身心适应	1.6984	1.6068	0.704	0.483
社会适应	1.8286	1.8031	0.209	0.835
生活适应	1.9619	1.9188	0.307	0.759
学习适应	2.0714	2.1367	−0.41	0.682
入学适应	1.8901	1.8663	0.209	0.834

注：* $p<0.05$，** $p<0.01$，*** $p<0.001$

（三）主要抚养人因素

抚养是针对未成年人而言的，主要抚养人应当保护未成年人的基本生活条件、环境及成长。本次调研显示，多数家庭由父母抚养子女，完全由祖辈抚养的仅占8%。根据表 5-10 可以发现，抚养人类型对儿童入学适应有显著影响。其中对身心适应形成显著影响（$F=2.42$，$p<0.01$）、对生活适应形成显著影响（$F=3.42$，$p<0.05$）。这个结果符合家庭教养方式的一般研究结果，如郭筱琳（2014）的研究显示，祖辈单独抚养对儿童心理理论发展水平有消极影响[①]；邓长明、陈光虎和石淑华（2003）的实证研究证明，隔代抚养的儿童其行为问题出现的概率要大于父母抚养的儿童，对儿童语言发展、社会性发展都有一定影响[②]。本研究也报告了相似的结果。表 5-10 所述"祖辈"主要包括爷爷奶奶、姥姥姥爷等儿童父母的长辈。被调查者和孩子的抚养关系题项中仅 1 人选择了"其他人"，因数据量太少，因此做了排除处理。

① 郭筱琳．隔代抚养对儿童言语能力、执行功能、心理理论发展的影响：一年追踪研究［J］．中国临床心理学杂志，2014，22（06）：1072-1076，1081.

② 邓长明，陈光虎，石淑华．隔代带养儿童心理行为问题对比分析［J］．中国心理卫生杂志，2003（03）：196.

表 5-10 主要抚养人对儿童入学适应及各维度的影响（N=149）

因变量	父母	祖辈	父母及祖辈	F 值
身心适应	1.57±0.54b	1.92±0.74a	1.68±0.50ab	2.42**
社会适应	1.76±0.51a	2.03±0.56a	1.86±0.51a	1.72
生活适应	1.84±0.61	2.20±0.40	2.07±0.56ab	3.43*
学习适应	2.07±0.71a	2.4±0.73a	2.21±0.55a	1.66
入学适应	1.81±0.48b	2.14±0.52a	1.95±0.42ab	3.31*

注：*p<0.05，**p<0.01，***p<0.001

（四）家长文化程度因素

根据表 5-11 所示，家长文化程度对儿童入学适应整体没有显著影响，其中对身心适应有显著影响（F=2.77，p<0.05），对社会适应、生活适应、学习适应没有显著影响。

表 5-11 家长文化程度对儿童入学适应及各维度的影响（N=149）

因变量	高中/中专	大专	本科	研究生及以上	F 值
身心适应	1.36±0.40b	1.74±0.68a	1.64±0.53ab	1.71±0.43a	2.77*
社会适应	1.79±0.52a	1.82±0.62a	1.80±0.47a	1.83±0.49a	0.02
生活适应	1.75±0.65a	1.85±0.61a	1.97±0.53a	2.21±0.72a	2.24
学习适应	1.97±0.53a	2.21±0.72a	1.92±0.60a	2.06±0.73a	0.71
入学适应	1.74±0.48a	1.92±0.56a	1.87±0.44a	1.96±0.45a	0.95

注：*p<0.05，**p<0.01，***p<0.001

（五）家长个人收入因素

根据表 5-12 所示，家长个人收入对儿童入学适应总体上不具有显著影响，对 4 个子维度也没有显著影响。

表 5-12　家长个人收入对儿童入学适应及各维度的影响（N=149）

因变量	<2.5 万元	2.5 万—5 万元	>5 万且≤10 万	>10 万	F 值	p 值
身心适应	1.60±0.51	1.73±0.61	1.60±0.55	1.57±0.54	0.542	0.654
社会适应	1.83±0.61	1.85±0.46	1.79±0.52	1.81±0.54	0.103	0.958
生活适应	1.93±0.57	1.86±0.56	1.90±0.64	2.03±0.55	0.483	0.695
学习适应	2.42±0.76	2.06±0.66	2.11±0.66	2.09±0.67	1.179	0.32
入学适应	1.94±0.48	1.87±0.49	1.85±0.48	1.88±0.49	0.176	0.913

注：* $p<0.05$，** $p<0.01$，*** $p<0.001$

五、D 小学 1 年级新生入学适应存在的问题

根据以上调查研究结果可知，D 小学 1 年级新生入学适应情况整体较好，位于中上水平，与近几年类似研究的结论相近。按照适应情况，由强到弱的顺序是身心适应、社会适应、生活适应、学习适应。根据对数据的整理分析可得，二级指标下的一些适应能力仍然有明显的不足，这些问题具有一定的普遍性，是本地区小学 1 年级入学适应教育应当重点改进的方面。具体来讲，D 校 1 年级新生入学适应中存在如下问题。

（一）学习适应方面家庭支持明显不足

本次调研显示，1 年级新生学习适应得分最低，并充分暴露出家庭支持不足的问题，比如家长对家庭学习氛围的营造（均值 3.52），对孩子通过接触自然、社会进一步增加经验（均值 3.58）的重视度不足等；也有新生学习能力不足的问题，如家长对课业辅导较多（均值 4.26）。（表 5-13）D 校 1 年级新生入学适应水平较低既与儿童成熟度、学习内容与方式转变有关，也和家庭支持度偏低有关。通过家长访谈可知，家长对“学习适应”的理解不全面，普遍认为学习适应就是听懂校内知识、能够主动完成作业等，对于如何提高儿童学习兴趣，如何引导儿童养成阅读习惯、增加直接经验等毫无思路，有的家庭也

没有为孩子提供安静的学习环境，家中缺少学习氛围。家长的辅导仅围绕校内知识或其他知识技能的学习，尽管对“重视孩子良好学习习惯的培养”报告值较高，但实际操作并不扎实。

表 5-13 学习适应维度各题目均值

维度	题目	均值
学习适应	您非常重视孩子良好学习习惯的培养（如自主阅读、做得有条理等）	4.32
	您经常带孩子去图书馆、博物馆、科技馆、植物园	3.58
	您觉得孩子对学习感兴趣	4.07
	您经常辅导孩子学习	4.26
	您认为自己的家里有浓厚的阅读或学习氛围（如有一定藏书、家人有阅读习惯等）	3.52

（二）生活适应方面劳动意识和能力不强

生活适应方面，幼儿在做家务一项得分最低，均值为 3.64。（表 5-14）本次调查数据显示，1 年级新生参与家务劳动的比例很低，日常做家务的儿童仅占 19%，能给家长搭把手的占 36%，还有近半数的儿童很少参与家庭劳动。通过与家长访谈了解到，儿童并非不做，而是不被分配劳动任务，多数家长并没意识到“家务劳动”对儿童能力发展的重要性。儿童劳动机会不足的问题很普遍，儿童因此丧失了体会劳动艰辛进而培养感恩情感的机会，也丧失了通过劳动成功而提升自信心的机会。

表 5-14 生活适应维度各题项均值

维度	题目	均值
生活适应	您的孩子作息规律，能够早睡早起	4.07
	您的孩子生活自理能力很强	4.30
	您的孩子能够根据学校课程安排收拾学习用品	4.31
	您的孩子有很强的安全意识	4.06
	您的孩子会力所能及地做家务	3.64

（三）社会适应方面对新集体归属感不强

本次调研结果显示，家长普遍认为孩子的人际交往能力较好，多数儿童能够主动与他人沟通，对学生在校表现的观察和对教师的访谈都能印证这点，这其实在一定程度上说明邢台市幼儿园在社会准备教育方面成效良好，也说明社会、家长对儿童的民主程度较高。但是儿童回家后较少与家长交流学校发生的事情，这从一定程度上说明儿童对班级建设的参与度不高（均值为 3.88），学校能够打动他或吸引他的事情不多。换言之，儿童尚未很好地形成对新集体的归属感。（表 5-15）

表 5-15　社会适应维度各题目均值

维度	题目	均值
社会适应	您非常重视孩子良好品格的培养（如帮助他人、有集体荣誉感、热爱祖国等）	3.92
	您的孩子遇到困难总是第一时间请求成人帮助	4.08
	您的孩子回家后经常说起学校发生的趣事	3.88
	您认为孩子的人际交往能力很强	4.45
	您的孩子严格遵守学校和班级纪律	4.64

（四）身心适应方面对运动热情不足

本次调研结果显示儿童身心适应水平最高，93%的家长报告自己的孩子能够主动参加集体活动，能够保持积极快乐的情绪，但是约 1/3 的新生对运动不感兴趣，没有规律的运动习惯（均值为 3.92）。通过对新生的观察可以发现部分孩子体重超标；和教师访谈了解到有些孩子身体素质和运动能力较差，上体育课时，老师需要格外关注。根据《小学入学适应教育指导要点》的要求，儿童每天要坚持不少于 1 小时的锻炼，家庭和学校要同时关注儿童大肌肉发展和精细动作发展，安排多种形式的体育活动或训练形式。[①] 通过家长访谈可以了解到，报运动量较大的体育兴趣班的儿童寥寥无几，D 校有丰富的体育类课后服务，但选择棋类的学生较多，选择乒乓球的其次，选择排球、篮球等较为激

① 教育部．关于大力推进幼儿园与小学科学衔接的指导意见[EB/OL].[2023-07-28]. http://www.moe.gov.cn/srcsite/A06/s3327/202104/t20210408_525137.html.

烈运动的学生较少。（表 5-16）

表 5-16 身心适应维度各题目均值

维度	题目	均值
身心适应	您的孩子向往小学生活，喜欢上学	4.59
	您的孩子积极参加学校和班级的活动	4.63
	您的孩子喜欢运动，有体育锻炼的习惯（如经常参加某种体育活动）	3.92

六、D 小学 1 年级新生入学适应水平提升的教育建议

本研究认为，入学适应是学生在学习过程中主动调整自我身心状态以适应变化了的学习环境的一种能力倾向。入学适应是一个动态过程，需要来自新生、学校和家庭的多方共同努力。这个过程包括了 3 个基本要素：个体、环境（情景）和改变。个体是指“适应”的主体，即需要进行适应的个体。环境或情境是“适应”的客体，即个体需要适应的对象。这个环境或情境可以是自然的，也可以是社会的，它对个体提出自然或社会的各种要求。改变是“适应”的中心环节，它包括个体改变自我以适应环境，也包括个体改变环境使之满足自我需求。入学适应必然要求个体与环境或情境中各种因素不断相互作用。

（一）多管齐下，提高儿童学习适应性

学习适应性长期以来都是心理学、教育学研究的热门主题，但是各界对学习适应性的定义并不统一，其中代表性较高且认可度较高的观点包括我国学者周步成认为学习适应性是指学习者克服各种困难以取得良好学习成效的能力倾向，国外学者认为学习适应关注学习者对确立学习目标、完成学业需要所做的努力的有效性以及对学习环境所持态度的积极性，可以由学业成绩和学习兴趣两项标准评定。[①]《小学入学适应教育指导要点》将学习适应的发展目标分为 4 项，即乐学好问、学习习惯、学习兴趣和学习能力，这 4 项涵盖了学习适应的

① 张亚丽．幼小衔接视角下小学一年级学生学习适应性的现状研究［D］．西安：陕西师范大学，2011.

各个维度。①

从教育生态系统论出发，1 年级新生入学适应性的提高需要充分发挥儿童的主体性，端正其学习态度，培养其学习习惯，帮助儿童掌握听课方法，熟悉小学教学模式和学校环境。家庭要积极参与儿童适应性的培养，为儿童提供更有学习氛围的环境，鼓励儿童发表观点，带儿童在生活中体验和探究，增加儿童对自然及社会的直观经验等。

（二）加强体育锻炼，提高儿童体质

针对儿童体育运动习惯不稳定、运动量不足的问题，学校应开足、开齐、开好体育课，保证儿童每天的户外活动时间，制作详细的校内体育锻炼表，并指导家长树立健康第一的主导思想，制订合适的家庭体育运动计划。本次调研结果显示，在运动习惯方面，由父母抚养的儿童比由祖辈抚养的儿童表现得要更好一些，这一结论与以往其他学者的研究结果一致。年轻家长应该充分认识到祖辈抚养的优缺点，在体育运动和锻炼方面积极作为。学校要做好“体育价值”的宣传，使学生、家长充分意识到体育在“完全人格”“强健体魄”等方面的重要性，并形成正确的体育观，如不把体育简单化为体育测试，不把竞赛当运动的全部追求等。

（三）重视劳动的价值，创造劳动机会

劳动对小学生的全面发展非常重要，学校和家庭要充分挖掘劳动教育的育人价值。首先，根据《中共中央、国务院关于全面加强新时代大中小学劳动教育的意见》的要求，学校应当保质保量地开设每周不小于 1 课时的劳动教育必修课，小学低年级注重围绕劳动意识的启蒙，并对学生每天的校外劳动时间做出规定②。其次，加强宣传和指导，使家长、学生、老师们充分认识劳动教育的意义，尤其要让家长认识到劳动不仅有助于提高儿童生活自理能力，更可以培养其劳动意识、创新意识、团队协作意识等。再次，教育部印发的《义务教

① 教育部．关于大力推进幼儿园与小学科学衔接的指导意见[EB/OL].[2023-07-28]. http://www.moe.gov.cn/srcsite/A06/s3327/202104/t20210408_525137.html.

② 中共中央，国务院．中共中央　国务院印发《关于全面加强新时代大中小学劳动教育的意见》[EB/OL].[2023-07-28]. http://www.moe.gov.cn/jyb_xxgk/moe_1777/moe_1778/202003/t20200326_435127.html.

育劳动课程标准（2022 年版）》要求系统化设计小学入学适应期的劳动教育课程，具体建设思路见表 5-17。

表 5-17 入学适应阶段劳动课程体系建设思路

教育目标	教学内容	教学方法
培养劳动意识	认识到劳动的重要性，形成劳动意识和敬业精神，认识到自己可以通过劳动来获得成就感和自豪感	劳动文化教育（理念和知识）；动手实践（劳动技能）；团队合作；实地考察
培养实践能力	学习劳动技能和生产知识，积累实践经验，提高实践能力	
培养团队协作意识	学习与他人合作、交流，学会关心、帮助他人，感受团队协作的重要性，增强自己的团队协作意识	
培养生活自理能力	学习生活技能，如种植、烹饪等，从而在日常生活中更加独立和自主	
调节情绪、提高心理素质	通过劳动来调节情绪，增加情感体验，提高自信心和心理素质	
传承文化传统	通过宣传一定的文化知识和传承一定的劳动技艺，深入了解和认识中国传统文化，增强民族自信心	
培养环保意识	通过种植、清理等劳动活动，培养绿色环保理念，践行环境保护	
培养创新能力	发挥想象力，创造新的劳动方法和技术	
促进身体健康	锻炼身体，增强体质，促进身体健康	
提高综合素质	提升综合素质，不断培养自我价值	

（四）加强家校合作

参与本次调研的家长对加强家校合作表现出很强的积极性，在问到是否愿意抽时间参加学校组织的提高孩子入学适应水平的活动时，70.4%的家长表示“非常愿意”，22.8%的表示“愿意”。在开放性问题“您对提高孩子的入学适应水平有哪些建议”的填答结果中，有关希望“了解孩子在校的情况”“家长和老师多沟通”“老师要跟家长经常沟通”“学校组织到校参观、试听”等表述非常多。无论是从教育生态系统论还是从“入学适应是个过程”的角度出发，小学都应该主动加强家校共育工作，为家庭教育提供必要的指导与支持。首先，学校要搭建沟通桥梁，充分利用但不单纯依赖公众号、视频号等线上数字平台对家长进行入学适应知识、理念的宣传教育，提供数字资源。其次，扎实做好线下的家长学校和校园开放日活动，1 至 2 年级尤其应该定期组织入学适应主题活动，从制度上建立“家长友好型”学校。再次，积极构建班级沟通平台，保障全方位、多角度信息传递，把制订家校沟通计划纳入班级工作的一部分，从学期计划到月计划再到周计划，内容可包括学生的学习、课堂表现、作业完成情况及在校活动等，方便家长了解儿童在校情况。

第六章　邢台市幼小衔接教育典型案例

教育从来不是独奏曲，而是家庭、学校、社会共同合作的协奏曲。教育最美的模样就是你我并肩同行。入学准备教育和入学适应教育拉近了家校间的距离，使学校赢得了家长的信任，为将来的家校合作育人奠定了基础。

为了更好地了解幼儿园和小学开展幼小衔接的现状和问题，本研究采用了案例分析的方法，选取了邢台市、保定市等地 6 所小学和幼儿园开展幼小衔接工作的特色案例。这些学校（幼儿园）采取参观见学、专题辅导、家校交流、能力培养、环境适应等多种方式开展有效衔接工作，通过适应性课程的设置、学习环境的营造、生活能力的培养以及家校合作等方面的努力，成功地帮助孩子们顺利地从幼儿园过渡到小学，使其更好地适应小学新的学习和生活环境。这些案例可以为其他学校和家长提供一些参考和启示，如在幼小衔接工作中，需要注重全面性和适应性，要为幼儿创设良好的学习环境，要重视其生活能力的培养，要加强家校合作等，也为小学和幼儿园开展幼小衔接工作以及探讨有效的幼小衔接方法和策略提供有益借鉴和参考。

第一节　幼儿园入学准备教育典型案例

课题组认为，幼儿园做好入学准备，应该从以下 5 个方面着手。

一是加强对幼小衔接的认识和理解。幼儿园应当深入学习《幼儿园教育指导纲要》《3—6 岁儿童学习与发展指南》《指导意见》等文件精神，明确幼小衔接的重要性和目标，把握好幼儿身心发展的规律和特点，采取科学合理的教育方法和策略。

二是制订科学合理的课程设置方案。幼儿园应当根据幼儿的发展需求和兴趣爱好制订多样化的课程设置方案，注重培养幼儿的综合素质和创新能力，为幼儿的未来发展打下坚实的基础。

三是加强教师培训，提高教师专业素养。幼儿园应当加强对教师的培训力度，提高教师的专业素养和教育水平。通过组织教师参加各种培训和学习活动，使其掌握先进的幼儿教育理念和方法，提高教师的教育教学能力和水平。

四是加强与家长的沟通与合作。幼儿园应当加强与家长的沟通联系与合作，及时掌握幼儿在家的表现情况，并针对幼儿出现的问题进行及时的调整和改进，通过家校合作共同促进幼儿的健康成长。

五是做好与小学的衔接工作。幼儿园应当积极与小学进行沟通和联系，了解小学教育的特点和要求，做好与小学教育的衔接工作，为幼儿顺利适应小学学习生活奠定良好的基础。

一、幼儿园入学准备教育案例1：邢台市襄都区华星幼儿园入学准备教育活动

为了做好幼小衔接工作，邢台市襄都区华星幼儿园主要通过召开幼小衔接家长会、组织幼儿走进小学、开展“今夜不回家”活动、组织毕业典礼等一系列活动，引导家长和孩子正确对待幼小衔接，在活动实践中指导和培养孩子学习和生活能力，缩短其适应期，使其尽早实现角色转换。

（一）召开幼小衔接家长会

1. 教育引导家长做好幼小衔接准备

观念上，帮助家长和老师建立正确的指导态度和观念，统一思想，一致步调，提高幼小衔接的效果。方法策略上，采取科学合理、行之有效的方法，使大班幼儿做好各方面的准备，缩短其适应期。实际生活中，一是教育引导家长重视孩子上小学前的学习习惯养成，比如，为孩子创设良好的学习环境，安排好家庭的学习生活，书桌前不乱摆东西，准备一些孩子爱阅读的书籍等。二是家长要信任孩子，把他们当成小学生，看成是长大了的孩子。家长要有充分的耐心鼓励孩子去做大人交办的事情，教育幼儿有始有终地做完一件事，例如，按时完成作业，做完作业后自己收书包，准备好第二天的学习用品等。

2. 教育引导家长培养孩子生活习惯的养成

（1）建立良好的生活常规。孩子上小学后，家长可以尝试每天布置一个任

务给孩子，如扫地、拿牛奶、分碗筷、倒垃圾等，观察孩子的执行情况，让孩子从开始的被动接受任务过渡到主动完成任务。

(2) 培养孩子的独立意识。举一个简单的例子，很多家长送孩子上幼儿园，还没到门口就很放心地让孩子一个人进门，因为他们相信自己的孩子能独立地、安全地走进教室。有些家长就很担心，孩子走进门了家长还要注视着孩子走进楼梯口，更有些家长甚至要打电话确认孩子进了教室后才恋恋不舍地离开，其实这些担心都是多余的。

(3) 培养孩子服务性劳动的能力。不少家长认为，孩子还小，没有承担家务的能力；有的家长则对孩子过度溺爱，不想让孩子重复自己小时候的“艰难”；还有一些家长认为学习是第一位的，做家务会影响孩子的学习，得不偿失。其实，做家务的时候孩子不仅可以学到不少生活技能，在记忆中留下与家人一起劳动的美好回忆，还可以使自己树立自信，产生责任感。

图 6-1 幼小衔接家长会

(二)“走进小学、感悟成长”——参观小学的活动

大班幼儿即将进入小学，意味着从此他们将接触一个全新的教育环境，这些变化既使他们感到新奇、有趣和自豪，又使他们感到紧张和无所适从。幼儿入小学之前应做一些适当的准备，这已是小学教师、幼儿教师和幼儿家长的共识。

提前熟悉小学环境，对幼儿向往小学、激发他们的学习兴趣有不可替代的作用。

1. 活动目标

（1）让幼儿熟悉小学环境，初步感受小学生的生活，感受小学的课堂、特色活动、宿舍、餐厅，感受与幼儿园的不同。

（2）让幼儿走进小学，接触小学的老师，对小学老师产生亲切感、喜爱感。

（3）让幼儿体验小学的班级上课模式、课堂要求。通过游戏课堂、快乐课堂在幼儿心里种下“小学课堂真有意思”的种子。

2. 活动总结

活动结束后，组织幼儿交流参观学习的心得体会和所思所想，比如，在小学里看到了什么，该怎样做个小学生，让他们把自己看到的、听到的、印象最深的用自己喜欢的方式表达出来。通过参观活动，孩子们对小学有了初步的认识与了解，感受到了小学生活与幼儿园生活的不同，同时也激发了他们对小学生活的向往和当小学生的愿望，为他们顺利进入小学打下了良好的基础。

图 6-2　参观小学的活动

（三）“我是勇敢者，今晚不回家”——独立性与生活自理能力的锻炼活动孩子们即将毕业，为了在孩子的心中种下“勇敢”“独立”的种子，为了给孩子们送上一份特别的礼物，给他们的幼儿园生活画上一个完美的句号，幼儿园在大班期末举行“我是勇敢者，今晚不回家”的活动，以此培养幼儿的独立性、自信心，提高他们独立生活的能力和在集体中团结友爱、互相帮助的情感。

1. 准备工作

家长准备：提前通过微信、电话等方式告知家长，做好家长工作，通知第二天早上入园时需带来的东西（盆子、睡衣、拖鞋、洗漱用品、手电筒、牛奶点心）。

教师准备：“我是勇敢者，今夜不回家”的签名板和主题海报、活动需要的道具。

2. 组织流程

（1）签名宣誓，增强仪式感和孩子们的自信心。参加活动的孩子们在签名板上签名，为了增强仪式感，全体幼儿在老师带领下在签名前庄严宣誓“我是一名勇敢者”。

誓词：“我宣誓，从今天起，我是最勇敢的人；我宣誓，从今天起，我是最独立的人；我宣誓，从今天起，我是最快乐的人；我宣誓，从今天起，我是最自信的人。我是一名勇敢者，我要接受勇敢挑战。”

（2）教师讲述规则，并在睡前开展“勇敢者探险（寻宝）”活动。将幼儿分组进行寻宝，每人只要找到宝盒，就能去老师那里领礼物。期间，孩子们如果找到重复的宝盒可以交给没有找到的同伴，锻炼孩子们的交际能力，提高他们的情商。

（3）游戏过后，由两名教师分工带孩子洗漱，其余幼儿为爸爸妈妈拍悄悄话视频，避免不必要的等待。

（4）晚上休息前，让孩子们爬上小床、盖好被子，老师让孩子们在班级群中和自己的爸爸妈妈道晚安。教师轮班巡回检查，帮孩子盖好被子，帮助起夜的孩子饮水和排便。保安老师与值班老师加强巡视，保证安全。

孩子们离开父母独自过夜既锻炼了孩子们的独立性和自理能力，也培养了他们勇敢、坚强的品质，同时也给孩子们的幼儿园生活留下了美好回忆。

图 6-3　华星幼儿园的“我是勇敢者，今夜不回家”活动

（四）“状元及第礼”大班毕业典礼

1．活动意义

状元及第礼是该园全面推进素质教育、落实“给孩子一个幸福的童年”的教育理念的有力载体，活动的举行不仅是该园仪式教育的一个重要组成部分，而且可以唤起学生成长的进取意识和对未来学习生活的渴望，同时抒发升华了学生对母校、对恩师、对同学的留恋之情，让承载了独特的教育内涵的毕业典礼成为学生一个永久难忘的回忆！

2．活动流程

第一步：锦衣卫宣读圣旨、揭金榜、状元入场（鲤跃龙门、敲鼓击锣）；第二步：龙山鼓舞；第三步：正衣冠、赐花礼、朱砂启智、谁料皇榜中状元；第四步：谢师、主班老师轮流寄语；第五步：拜父母；第六步：手势舞蹈——厚德载物；第七步：发毕业证书、拍照留念（御街夸官）；第八步：衣锦还乡。

图 6-4 华星幼儿园“状元及第礼”的活动

二、幼儿园入学准备教育案例 2：邢台市任泽区电力幼儿园入学准备系统方案

邢台市任泽区电力幼儿园隶属电力小学教育集团，集团目前拥有 3 所幼儿园和 1 所小学，案例所示幼儿园与集团小学部毗邻，在地理环境和师资交流方面具有天然优势。集团一向注重幼小衔接问题，2021 年《指导意见》公布之后，集团迅速展开集体教研，制订了系统的幼小衔接工作方案，并设计了大量的入学准备教育活动，在家校园之间建立起了顺畅的沟通机制。这里从两方面介绍电力幼儿园的经验，一是工作机制，二是入学准备教育实践案例。

（一）电力幼儿园幼小衔接工作目标

第一，重视衔接工作，并将此项工作作为幼儿园的常规工作列入每学期的工作计划。

第二，通过活动使大班教师了解小学阶段学生的行为习惯、心理特点和学校的教育目标、要求、方法、风格等，从而使处于衔接年级的教师能有意识地使自己的教育教学和管理风格接近相邻学段、主动适应学生特点，为学生尽快适应新学段的学习生活打好基础。

第三，通过活动使幼儿能顺利过渡，从生活、活动、学习、心理等方面较好地适应新的学习环境。

（二）具体措施

1. 学前的思想准备

通过参观小学、请毕业生回园与幼儿座谈，让幼儿知道为什么要上小学、小学与幼儿园有什么不同，激发孩子上小学的欲望，同时也帮助他们解决向往上小学却不知道怎样做的问题。

2. 身体方面的准备

（1）通过疾病预防、体育锻炼增强幼儿体质，使他们能够身心健康地迈入小学。

（2）为了让幼儿能够较快地从幼儿园过渡到小学生生活，采取适当延长幼儿学习时间、减少游戏时间等措施。

（3）在日常活动中培养幼儿正确的读书、书写、握笔姿势，同时，让幼儿懂得保护好自己的眼睛及各种感觉器官。

（4）注重安全方面的教育，让幼儿懂得并遵守交通规则，学会看红绿灯，走人行道，有困难找警察，记住各种急救电话，知道不能玩水、玩火、玩电。

3. 独立生活能力的准备

（1）通过谈话、故事、社会实践培养幼儿的独立意识，增强其独立解决问题的能力。让幼儿感知自己即将成为一名小学生，生活、学习不能完全依靠父母和教师，要学会自己的事自己做，遇到问题和困难自己要想办法解决。

（2）培养幼儿的时间观念，在学习生活中，要学会自我观察、自我体验、自我监督、自我批评、自我评价和自我控制等，让他们懂得什么时候应该做什么事并一定做好，什么时候不该做什么事并控制自己的欲望和行为。

4. 学习方面的准备

（1）培养孩子学习方面的动手操作能力。结合主题模仿小学要求，让幼儿学习有关的知识，如学习整理自己的书包、铅笔盒，爱护并看管好自己的物品，学会使用剪刀、铅笔刀和其他学习工具。

（2）培养孩子良好的学习习惯。首先，请家长配合幼儿园，让幼儿养成遵守时间的习惯，如不迟到早退等；其次，在教学活动中让幼儿养成爱想、爱问和认真回答问题、注意倾听的习惯；再次，培养幼儿正确地握笔、看书的习惯；最后，通过布置适当的作业培养幼儿的任务意识，在游戏、活动中加强幼儿规则意识的培养。

(3) 知识经验的积累，包括前阅读、前书写的渗透和数学方面的渗透。前阅读、前书写的渗透是为幼儿创设一个良好的阅读、书写环境，如将活动室的物品都注上汉字，布置活动室环境时图文结合，以语言区为重点精心设计制作有关读写方面的材料供幼儿使用，同时让幼儿熟悉汉语拼音，知道拼音是正确认读汉字的工具和基础，坚持开展餐前的认读识活动等。

数学方面的渗透是通过每次的数学活动、数学区工作对幼儿进行分类、统计、简单运算、自编应用题能力的培养，提高幼儿的逻辑思维能力。在日常活动中引导幼儿学习运用数学经验解决问题，提高幼儿独立思考问题的能力。

(三) 班级日常工作

(1) 根据幼儿的意愿进行主题活动，并及时抓住幼儿的兴趣点，为下一步的活动提供依据。主题展示、活动设计、材料调整要适合大班幼儿的特点，更多地体现幼儿的参与性和主体地位，培养幼儿的主动性学习和探究性学习。

(2) 配合教研组开展音乐、体育学科的研究。

(3) 在活动区设置中积极向蒙氏班学习，使其符合大班幼儿的年龄特征，根据本班幼儿的发展水平及时更换区域工作材料，与主题相结合。

(4) 在显现毕业班教育教学特色的同时，做好各项常规工作，组织各大型活动，例如新学期新操排练与评比，音乐、体育学科的观摩及评比，“三八”妇女节活动，以及安全月、阅读月、健康月、园庆、大班毕业典礼等。

(四) 家长工作

(1) 开学初召开家长会，向家长介绍班务工作计划，取得家长对班级工作的理解和支持，为更好地实施幼小衔接方案打下基础。

(2) 坚持每月及时更换“家长园地”，鼓励家长参与班级教学，开展家长助教活动。

(3) 继续对新生家访、旧生约访，加强平时电话联系，取得家园教育的一致性。

(4) 要求家长配合教师帮助孩子养成良好的学习习惯、生活习惯，为孩子入小学打好基础。

(5) 鼓励家长积极参加各种班级活动。

（五）教师团队合作及专业成长

（1）继续学习《幼儿园入学准备教育指导要点》。

（2）通过之前的合作，幼儿园已与小学部教师形成了良好的学习团队、合作的氛围，在本学期继续合作教研，及时反思。

图 6-5　电力小学和幼儿园教师联合教研

图 6-6　电力小学附属三幼入学准备系列活动——生活准备（环境小卫士）

图 6-7 电力小学附属三幼入学准备系列活动——学习准备（数学能力）

图 6-8 电力小学附属三幼入学准备系列活动——学习准备（家庭图书角）

图 6-9　电力小学附属三幼入学准备系列活动——社会准备（认识家乡特产山楂）

图 6-10　电力小学附属三幼入学准备系列活动——身心准备

第二节　小学入学适应教育典型案例

根据《小学入学适应教育指导要点》的要求，小学应从以下几个方面做好入学适应教育。

一是开展适应性课程。小学针对儿童的特点和需求设计一些适应性课程，帮助儿童逐渐适应小学的学习节奏和要求。这些课程包括数学、语文、英语、音乐、美术等，通过这些课程的学习，儿童可以逐渐适应小学的教学模式和节奏。

二是创设良好的学习环境。小学要注重为儿童营造一个轻松、愉悦的学习环境，配备一些现代化的教学设施，如多媒体教室、实验室、图书馆等，为儿童提供一个良好的学习场所。同时，学校还应注重营造和谐的师生关系，让儿童感受到教师的关爱和支持。

三是强化生活能力的培养。幼小衔接不仅仅是学习上的衔接，还是生活能力的提升。小学应注重培养儿童生活自理的能力，如自己穿衣、洗脸、洗手等。同时，学校还应注重培养儿童的社交能力，如与同学友好相处、尊重他人等。这些能力的提升有助于儿童更好地适应小学的生活和学习。

四是加强家校合作协同。幼小衔接工作离不开家长的支持和配合，学校通过定期举办家长会、校园开放日等形式加强与家长的沟通和合作。同时，学校还应注重对家长的培训和教育，帮助家长更好地了解儿童的特点和需求，为儿童提供更好的家庭教育和支持。

一、小学入学适应教育案例 1：“慧”衔接、“悦”未来——邢台市东关逸夫小学幼小衔接系列活动

从幼儿园进入小学是儿童早期成长过程中一次重要的转折。儿童初入学能否适应一定程度上决定着他们对学校生活的态度和情感，影响着他们将来的学业成绩和社会成就。帮助幼儿走好从幼儿园到小学这个“坡度”，为孩子顺利适应小学的学习与生活，是幼小衔接工作的重点，也是小学 1 年级重要的教育任务。在幼儿入学前，东关逸夫小学结合实际情况制订了切实可行的实施方

案，以东关逸夫小学“三悦”（“悦教师”“悦学生”“悦家长”）校园文化为载体，实施具体活动。

（一）“悦”教师

（1）专题培训。带领教师充分研读《指导意见》等文件，使老师们深刻领悟幼小科学衔接工作的重要性。组织幼小衔接经验分享交流会专题培训，促进教师树立科学幼小衔接的理念，助力教师探索工作路径。

（2）读书学习。学校为教师推荐并购买幼小衔接书籍，让教师用理论来武装自己的头脑。

（3）学习心得。让教师结合读书、学习收获积极参与课程的开发与实践，从整体上提高教师的专业素养。

（4）校本培训。开学前，学校召开新学期幼小衔接教师培训，帮助老师们更好地梳理工作流程，做好角色定位，让老师们分享班级管理技巧，激励大家全方位做好准备工作。

（二）“悦”学生

1. 衔接准备

发放《小学入学适应教育指导要点》，组织家长、学生学习要点，并指导他们做好幼儿幼小衔接的心理准备、能力准备、习惯准备、知识准备和体能准备。

2. 入学准备

通过公众号和班级通知等方式，充分做好幼儿入学准备工作，建立家校沟通机制。

3. 入学报到

4. 开学典礼

5. 爱国主义教育

6. 课堂常规训练、专注力训练及路队训练

7. 学生军训

8. 学生整理书包训练和劳动锻炼

（三）“悦”家长

1. 家长会

2. 安全课堂

教育引导学生注意校外安全和校内安全，提醒家长接送孩子时的注意事项，以及到校离校报告和请假销假制度等。

3. 家校协同培训

行为习惯的养成不是一蹴而就的，而是日积月累的。常规训练、家校配合，助力孩子养成良好习惯，迈出学生生涯坚实的第一步。

图 6-11 邢台市东关逸夫小学幼小衔接专题家长培训

图 6-12　邢台市东关逸夫小学的幼儿园探校活动

二、小学入学适应教育案例 2：幼小衔接成长锦囊开开心心上学来——邢台市北关街小学幼小衔接工作方案

从幼儿园到小学不是翻山越岭，也不是跳跃大沟深壑，更不是进入天壤之别的生活，而是童年生活的一种自然延伸和过渡。我们应当以积极、从容的心态帮助孩子科学衔接，要相信每个孩子都是独特的，每个孩子都是有发展潜质的，唯有信任和鼓励才能让每个孩子用自己的方式发光！9 月是新学期的开始，意味着又一批儿童将正式开启小学学习生涯。经历着从幼儿园向小学转变的孩子们往往充满着胆怯、畏惧与不适应的心理，这种时候做好幼小衔接就尤为重要。

（一）入学物品准备

（1）建议选择轻便、不漏水的水杯，方便学生打开，不要太大，不要带玻璃杯，在水杯上贴好防水姓名贴，方便其他学生辨认。

（2）双肩背包、笔袋及文具。建议选择轻便、结实的双肩背包，不要选择拉杆书包。建议使用图案简单的布笔袋，不要用铁皮文具盒，避免课堂上出现噪音分散其他学生的注意力。装好铅笔、橡皮、尺子等物品。准备 5 支削好的铅笔，家长可以在家指导学生削铅笔，削笔刀不要带到学校。选择 4B 或绘图橡皮擦，不要使用香味过浓或样子过于花哨的橡皮。选择能放进笔袋的直尺，建议一边直线、一边波浪线，15 厘米为佳。

提醒学生玩具、零食、手机、多功能手表以及贵重物品不要带到学校。

（二）幼儿和家长心理准备

1. 不想和父母分离

刚刚幼儿园毕业的小朋友会有分离焦虑，对家庭生活的留恋会让孩子抗拒上学。关于这一点，父母只要做好陪伴即可，要让孩子知道，上学之后并不会影响父母对他的关注和陪伴，比如还有夜晚和周末的相处。

2. 生活环境和节奏的变化

小学的学习生活是很规律的，提前为孩子做好准备就能减少孩子入学后的适应问题，主要有以下几点。

（1）调整饮食习惯，回归一日三餐的规律饮食。

（2）提前执行孩子在学校期间的作息时间。

（3）适当增加孩子的运动，把孩子从电子屏幕中解放出来。

做好这些准备可以有效帮助孩子告别假期的懒散，使其开学后的生活作息与学校无障碍衔接，以饱满的精神状态去迎接新学期。

3. 人际交往的问题

孩子在学校要面对的不是只有学习，还有同学关系。有的孩子会担心学校里没有认识的小朋友。此时，父母不仅要给孩子进行情感疏导，也要适当提供一些社交方法和技能指导，例如，平时有意识地增加孩子的社交活动，主动邀请小区里同龄的孩子来家里玩，鼓励孩子提前联系一下同学等。

（三）家长工作

1. 相信孩子

家长首先要做的就是相信孩子，坚信孩子有很强的适应能力，帮助孩子树立信心，用尊重、平等的态度与孩子交流，引导孩子主动解决生活和学习中的问题。多鼓励孩子大胆发表自己的想法，清楚表达自己的意愿和需求。

2. 相信老师

在孩子眼里，家长和老师都是非常值得崇拜的对象，天生的向师性决定了老师在孩子心目中的地位。所以，家长对老师的尊重、信任和配合会是对孩子很好的激励。

3. 积极暗示

父母应该心态平和，以积极的态度感染孩子，避免将焦虑的情绪传递给孩子。孩子是很敏感的，很容易以父母的担心来体会学校生活，所以家长要向孩子描绘新学校的独特，增强孩子对小学学习生活的向往，为孩子打开新的人生之门。

（四）“萌芽”课程

为了避免新生的恐惧与不适感，并让幼升小无缝衔接，学校老师特意设计了为期一周的适应小学生活的“萌芽”入学课程，为孩子们创设一个“心理过渡期”，帮助他们顺利迈出求学之路的第一步。

1. 1 年级入学适应课程——“萌芽”

课程通过“探秘新校园，认识新朋友”“扣好人生的第一粒扣子——入学思政教育”“小绘本，大世界”等内容帮助小萌娃们尽快适应小学生这个角色，从而更好地融入学校这个大集体中。

2. 研发入学课程

该园充分挖掘和整合教师、家长、社区和网络课程资源，结合幼小衔接阶段学生的身心特点和学习兴趣，开发满足学生多样化成长需求的课程，培养和发展学生的学习习惯、健康生活理念、审美情趣与艺术表达等学生核心素养。

3. 家长适应课程

家长与其说在看着孩子长大，不如说是陪着孩子一起成长。孩子们上小学后引导家长这样做：关注孩子入学第一天，询问孩子是否知道厕所和水管的位置，是否了解去厕所的时间，是否知道在哪个位置等待家长，是否清楚所在班级的位置、同桌的名字；关注孩子第一个月的学习情况，询问孩子是否听懂老师讲的、是否记住作业的内容，每周陪孩子写两次作业，不只是陪伴，要关注孩子握笔姿势和完成作业的习惯，在孩子形成良好的习惯后只帮助孩子检查作业，在孩子了解了写作业的过程后，由孩子自己检查作业，家长只签字。家长切记不要过分宠爱孩子，更不要吓唬孩子，不要过分期望高分数，不要陪写作业，不要过早进行小学知识的学习，防止孩子失去学习的兴趣。

一（2）班

	上午			下午	
	一	二	三	一	二
周一	遨游汉字世界	从小养成好习惯	爱国从唱响国歌开始	我们都有巧巧手——艺术实践	坐姿、站姿训练
周二	文明礼仪伴我成长	自己的事情自己做	升旗仪式列队练习	清洁、打扫小达人	放学列队练习
周三	校园安全常识	整理我的小书包	广播体操列队训练	快乐做游戏	小绘本大世界
周四	探秘新校园认识新朋友	有趣的数学王国	和校园内的植物交朋友	小绘本大世界	课堂手势舞
周五	课堂常规小童谣	专注力训练	我们都有巧巧手——艺术实践	扣好人生的第一粒扣子——入学思政教育	爱国从唱响国歌开始

图 6-13　邢台市北关街小学新生课程表

图 6-14　邢台市北关街小学“萌芽”课程体系

后　　记

对幼小衔接问题的关注源自我的“育儿焦虑”。6 年前的暑假，我的孩子即将升入幼儿园大班。彼时“抢跑”盛行，各种奉行超前教、超前学的“学前班”大行其道。作为一个有学前教育背景的教育工作者，我深信也深知“游戏”“自由”“内驱力”对幼儿形成稳定内核和良好习惯的重要性。然而，当同班的小朋友一个个转走，当耳边充斥着各路亲友的善意劝告，我一边动摇，一边开始思考“孩子到底该怎么教”的问题。感谢米多幼儿园的王园长，她在我极度迷茫的时候邀请到了北师大的钱志亮老师，给我们这波儿正在火烧眉毛的家长答疑解惑。钱老师用生动丰富的案例深入浅出地宣讲如何科学地幼小衔接，不仅给了我坚持“儿童立场”的定心丸，更引领我迈入科学幼小衔接的研究领域。2019 年搬家，我找到很多当时自制的幼小衔接玩教具，找到孩子在幼儿园做的点阵图、连线涂色、舒尔特方格练习纸，还有他自己做的时间管理表、每日收拾学习物品的打卡纸……不禁感慨。孩子今年 6 年级，在特殊时期漫长的线上教学里，他始终保持着旺盛的求知欲和稳定的注意力，我想这与他所接受的科学幼小衔接教育不无关系。

2021 年，《教育部关于大力推进幼儿园与小学科学衔接的指导意见》出台（以下简称《指导意见》），以此为契机，我成功申报了河北省社会科学基金项目“‘去小学化’背景下河北省幼儿入学准备城乡差异实证研究”（项目编号 HB21JY050），这本书就是最终成果。从项目获批到初稿形成，这期间经历了太多坎坷。作为一项实证研究，我们希望严谨地开展调研，但是漫长的特殊时期使外出变得十分艰难。长期的线上教学也使幼儿园、小学难以充分按照《指导意见》开展入学准备和入学适应教育实践。书中所选案例都是今年幼儿园、小学恢复正常教学秩序之后开展的线下活动，在此非常感谢邢台市任泽区电力小学教育集团张庆华董事长、襄都区华星幼儿园秦海涛园长，以及邢台市逸夫小学、北关街小学给予的调研便利和资料共享，感谢达活泉小学董军清校长、刘志强主任对23级新生家长调研活动的大力支持，感谢赵志红女士对幼儿园教师调研和家长调研的支持。

本书写作过程中，还得到了很多朋友的帮助，希望能够借此机会向他们表达感谢。首先向河北民族师范学院表示感谢，如果没有学校的资助，我的写作将会十分艰难。感谢梁京涛博士不辞辛劳地帮忙查资料、复印资料，祝梁博士入职顺利，大展宏图。感谢郑志刚老师对调研数据的整理与分析，郑老师严谨、专业的科研态度给我树立了榜样。感谢我的学生石敏、黄子涵、詹梓萱，姑娘们聪慧刻苦，做了大量幼小衔接教育实践，为本书提供了很多有趣的案例。

其次特别感谢本书的编辑河北大学出版社的杨洋女士。杨女士温和而坚定，每当我懈怠或心生退意时，她都能立刻把我唤回正轨。书稿交付后，她进行了严格的审阅，并提出很多中肯而有建设性的修改意见，在此表示诚挚的谢意！

最后感谢我的丈夫张宏杰，张先生为人豁达、行事沉稳，是与我并肩奋斗的战友。感谢我的儿子，他给了我钻研的动力，给了我教育实践的机会，他更用自己的努力向我展示了科学教育理念可以落地生根、开花结果。

由于时间仓促、水平有限，书中可能还有各种不完善的地方，恳请各位专家、同行批评指正。

丁坤

2023年冬

参考文献

中文著作

[1] 陈长海. 幼小衔接必备的六大能力训练 [M]. 北京：北京理工大学出版社，2015.

[2] 杜威. 杜威全集：中期著作：第二卷 [M]. 张留华，译，上海：华东师范大学出版社，2011：212-213.

[3] 范国睿. 教育生态学 [M]. 北京：人民教育出版社，2000：3-4.

[4] 盖笑松. 儿童入学准备研究与实践 [M]. 长春：吉林教育出版社，2008：3.

[5] 高瞻教育研究基金会. 学前教育机构质量评价系统 [M]. 霍力岩，等，译. 北京：教育科学出版社，2018：57，62.

[6] 格里梅. 入学准备与有效学习：如何做好幼小衔接 [M]. 胡福贞，王鸿，何姗，译. 北京：中国轻工业出版社，2022.

[7] 胡知凡，李燕. 幼儿教师教育的实践与探索 [M]. 北京：中国人民大学出版社，2012：2.

[8] 教育部. 义务教育课程方案 [M]. 2022 年版. 北京：北京师范大学出版社，2022.

[9] 教育部. 幼儿园教育指导纲要：试行 [M]. 北京：北京师范大学出版社，2017.

[10] 娄立志. 儿童教育哲学 [M]. 上海：华东师范大学出版社，2014.

[11] 钱志亮. 儿童入学成熟水平诊断量表 [M]. 北京：北京师范大学出版社，2016：69-87.

［12］钱志亮．入学早知道：儿童入学必备的八种能力［M］．北京：北京师范大学出版社，2011．

［13］王海英，蒲磊．幼小衔接家庭发现活动：激发学习兴趣的52个发现［M］．南京：南京师范大学出版社，2022．

［14］王海英，蒲磊．幼小衔接家庭体验活动：积累关键经验的52个体验［M］．南京：南京师范大学出版社，2022．

［15］希森．热情投入的主动学习者：学前儿童的学习品质及其培养［M］．霍力岩，等，译．北京：教育科学出版社，2016：44．

［16］薛烨，朱家雄，等．生态学视野下的学前教育［M］．上海：华东师范大学出版社，2007．

［17］张继科，徐曼丽，尹立业．幼小衔接实用策略［M］．长春：东北师范大学出版社，2018．

［18］张莉．我国农村贫困地区儿童入学准备与学业发展追踪研究［M］．上海：华东师范大学出版社，2019．

［19］张明红．学前儿童社会教育［M］．上海：华东师范大学出版社，2008．

英文著作

［1］OECD. Starting Strong Ⅴ: Transitions from Early Childhood Education and Care to Primary Education[M]. Paris: OECD Publishing, 2017: 217.

中文学位论文

［1］曹秀凤．基于学生成长的第一学段“悦读”教学探究：以长春市同兴小学为例［D］．四平：吉林师范大学，2022．

［2］初申申．家校协同视角下小学低年级学生行为习惯养成的行动研究：以北京市A小学为例［D］．桂林：广西师范大学，2022．

［3］冯梅．生态系统理论指导下父母与教师关于学前儿童入学准备观念研究［D］．哈尔滨：哈尔滨师范大学，2017．

［4］冯学滢．城乡家庭学习环境差异及对幼儿入学准备的影响研究：以

160个家庭为例 [D]. 青岛：青岛大学，2022.

[5] 何建双. 生态系统理论视角下怒江州幼小衔接的现状调查 [D]. 大理：大理大学，2021.

[6] 雷文丽. 共生理论视域下幼小衔接的家园合作研究：以T市S幼儿园为例 [D]. 贵阳：贵州师范大学，2023.

[7] 李丽. 人类发展生态学视角下的幼小衔接研究：以辽宁省葫芦岛市为例 [D]. 贵阳：贵州师范大学，2015.

[8] 李琳琳. 小幼衔接视角下学生入学适应的现状及策略研究：以S市为例 [D]. 石河子：石河子大学，2023.

[9] 李宛凝. 幼小衔接期小学一年级新生社会适应研究：基于不同利益相关者的视角 [D]. 上海：华东师范大学，2023.

[10] 李娅菲. 法国幼小衔接教育制度研究 [D]. 重庆：四川外国语大学，2013.

[11] 李玉花. 幼儿注意力的评定与干预研究 [D]. 长沙：湖南师范大学，2020.

[12] 刘柃采. 《强势开端Ⅴ：幼小衔接》的研究 [D]. 昆明：云南师范大学，2019.

[13] 陆秋婷. 小学生幼小衔接阶段人际关系生态化的研究 [D]. 北京：北京林业大学，2014.

[14] 骆秀萍. 幼小衔接中微观系统存在的问题及对策研究 [D]. 新乡：河南师范大学，2013.

[15] 孟萍. 幼小衔接背景下小学一年级学生学习适应性的调查研究：以天津市三所小学为例 [D]. 天津：天津师范大学，2013.

[16] 秦振飙. 幼小衔接课程的调查研究：广西幼儿园中幼小衔接课程的现状与构建. [D]. 桂林：广西师范大学，2005.

[17] 冉梅. 幼小衔接背景下小学低年级语文活动教学策略研究 [D]. 重庆：西南大学，2023.

[18] 戎会会. 教育生态学视角下幼儿教师资源配置研究：基于对H市幼儿园的考察 [D]. 淮北：淮北师范大学，2022.

[19] 盛宝芳. 沂蒙山区农村民办幼儿园游戏现状个案研究 [D]. 金华：浙江师范大学，2013.

[20] 唐文婷. 天津市 3—6 岁儿童身体素养现状与促进对策研究 [D]. 天津：天津体育学院，2023.

[21] 王可. 基于学习适应的小学一年级数学游戏教学行动研究 [D]. 沈阳：沈阳师范大学，2022.

[22] 王丽. 幼小双向衔接社会课程建设与管理的实践研究：以成都市双流区 G 幼儿园—J 小学为例 [D]. 上海：华东师范大学，2023.

[23] 王向红. 小学一年级学生入学适应的个案研究：以潍坊市奎文区 A 小学为例 [D]. 烟台：鲁东大学，2014.

[24] 翁思琳. 小学数学教学中幼小衔接的现状研究：以厦门市为例 [D]. 厦门：集美大学，2022.

[25] 许静晔. 生态圈视角下幼小衔接的现实困境及突围之道：以上海市 X 区为例 [D]. 上海：华东师范大学，2022.

[26] 杨海婷. 农村幼儿园教学游戏化研究：以某乡镇中小幼儿园为例 [D]. 福州：福建师范大学，2018.

[27] 张林玲. 当代美国幼小衔接政策的研究 [D]. 上海：上海师范大学，2012.

[28] 张世义. 利益相关者理论视角下的高校学前教育专业本科人才培养研究 [D]. 南京：南京师范大学，2014.

[29] 张亚丽. 幼小衔接视角下小学一年级学生学习适应性的现状研究 [D]. 西安：陕西师范大学，2011.

[30] 张政偲. 儿童视角下的幼小衔接：基于马赛克研究方法 [D]. 广州：广州大学，2023.

[31] 赵芡. 幼儿园与小学教师对双向幼小衔接认知与实践的研究 [D]. 上海：华东师范大学，2022.

[32] 郑婉. 幼小衔接：法国幼儿教育一瞥 [D]. 北京：首都师范大学，2009.

英文学位论文

[1] WARD J M. Defining and Measuring School Readiness Using Confirmatory Factor Analysis Techniques[D]. Twin Cities：University of Minnesota，2016.

中文期刊

[1] 成尚荣. 儿童立场：教育从这儿出发 [J]. 人民教育，2007 (23)：5-9.

[2] 崔淑婧，田兴江. 近 20 年国外幼小衔接研究的视角变迁与实证进展 [J]. 学前教育研究，2022 (05)：28-43.

[3] 崔新玲，梁进龙. 法国幼小衔接的经验及启示 [J]. 商品与质量，2011 (S7)：218.

[4] 邓长明，陈光虎，石淑华. 隔代带养儿童心理行为问题对比分析 [J]. 中国心理卫生杂志，2003 (03)：196.

[5] 丁瑞常. 从“国际教育政策论坛”到“全球教育治理参与者”：经合组织在教育领域的角色流变 [J]. 教育学报，2020 (05)：87-96.

[6] 郭筱琳. 隔代抚养对儿童言语能力、执行功能、心理理论发展的影响：一年追踪研究 [J]. 中国临床心理学杂志，2014，22 (06)：1072-1076，1081.

[7] 洪秀敏，刘倩倩. 不同利益主体视域下幼小衔接的多维挑战与突围之路：基于东中西部五省的实证调查 [J]. 中国教育学刊，2022 (04)：4.

[8] 胡春光，陈洪. 法国幼小衔接教育制度的内涵与启示 [J]. 学前教育研究，2011 (09)：23-27.

[9] 黄瑾，田方. 论幼小衔接研究理论视域的转换：从生态系统理论到社会文化理论的研究展望 [J]. 中国教育学刊，2022 (04)：7-14.

[10] 黄爽，祁继. OECD 国家实施幼小衔接的经验与启示 [J]. 人民教育，2019 (23)：73-76.

[11] 贾钱玉. 从学前班看芬兰幼小如何衔接 [J]. 早期教育（教育教学），2020 (01)：35-36.

［12］李敏谊，刘丽伟．幼小衔接与家长参与：国外研究的新进展［J］．比较教育研究，2014（09）：83-88.

［13］李召存．论基于儿童视角的幼小衔接研究［J］．全球教育展望，2012，41（11）：57-62.

［14］林嘉绥．幼儿数学入学准备调查报告［J］．学前教育研究，2000（02）：32-33.

［15］刘玲，王建平．幼小衔接视角下新生入学适应问题的分析与应对：基于北京市 16 个区小学一年级任课教师的调查［J］．中小学校长，2023（01）：32-34，56.

［16］刘晓东．中国小学教育亟待战略转型：兼论“幼小衔接”应向“小幼衔接”翻转［J］．湖南师范大学教育科学学报，2019，18（03）：1-7.

［17］刘焱．入学准备在美国：不仅仅是入学准备［J］．比较教育研究，2006（11）：28-32.

［18］宁科，王庭照，胡碧升．身体素养在幼儿体育教育中应用的国际化解读［J］．青少年体育，2020（03）：126，137-138.

［19］钱文丹．我在芬兰幼小衔接课堂［J］．教学管理与教育研究，2018（06）：116-119.

［20］宋占美，夏竹筠，周宏燕．当前欧美国家关于学前教育政策与质量的争论及数据时代的挑战［J］．学前教育研究，2014（03）：58-63.

［21］田雨佳，莫迪，李召存．美国小学促进家长参与幼小衔接的实践探索［J］．江苏教育研究，2015（Z1）：71-73.

［22］王菠，王萍．利益相关者视角下幼小衔接教育观的差异：基于家长、幼儿园教师、小学教师的实证比较［J］．基础教育课程，2023（04）：19-28.

［23］王芳，滕珺．芬兰的幼小衔接教育［J］．北京教育（普教版），2018（06）：88-89.

［24］王瑜．教育生态学视野下幼儿园课程的省思与建构［J］．陕西学前师范学院学报，2020，36（11）：41-49.

［25］肖婵媛，潘月娟．从 ECERS 到 ECERS-3：美国幼小衔接的转向与启示［J］．陕西学前师范学院学报，2023，39（04）：94-102.

［26］徐晨盈，吴刚平．芬兰国家核心课程中的幼小衔接：理念、路径与启示［J］．外国教育研究，2022，49（05）：88-101.

［27］许浙川，柳海民．OECD 国家实施幼小衔接的目的、原则及启示［J］．基础教育，2018，15（01）：32-39.

［28］许浙川，柳海民．OECD 国家推行幼小衔接的目的与举措：基于对《强势开端Ⅴ：幼小衔接》报告的考察［J］．比较教育研究，2019，41（01）：85-91.

［29］杨敏，程斌．法国“幼小衔接”的措施及其启示［J］．早期教育（教师版），2008（06）：8-9.

［30］俞文，涂艳国，李露，等．儿童健全成长取向下幼小衔接教育观差异分析：基于主要利益相关者的调查［J］．学前教育研究，2019（04）：17.

［31］张冯青，郭楚玙．生态学视域下开展多元合作的幼小衔接研究［J］．教育观察，2019，8（38）：23-24，42.

［32］张静．经合组织《强势开端Ⅴ：幼小衔接》政策述评［J］．世界教育信息，2018，31（24）：66-69.

［33］张丽，王燕，郑孝玲，等．大班幼儿数学入学准备研究［J］．心理学探新，2014，34（06）：565-570.

［34］张雁，张梦琦．法国学前教育的实践理据与价值负载：新《母育学校教学大纲》透视［J］．比较教育研究，2019，41（01）：76-84.

英文期刊

［1］BAY D Y，BAY D N. Determining Children's Primary School Readiness Level［J］. European Journal of Educational Sciences，2020（4）：19044.

［2］DAILY S，BURKHAUSER M，HALLE T . A Review of School Readiness Practices in the States：Early Learning Guidelines and Assessments［J］. National Civic Review，2011（4）.

［3］DUNLOP A W. Bridging early educational transitions in learning through children's agency［J］. European Early Childhood Education Research Monograph，2003（1）：67-86.

［4］ DUNCAN G L, DOWSETT C J, CLASESSENS A, et al. School readiness and later achievement ［J］. Developmental Psychology, 2007 (6): 1428-1446.

［5］ KAINZ K, VERNON-FEAGANS L. The Ecology of Early Reading Development for Children in Poverty［J］. Elementary School Journal, 2007(5).

［6］ MIG C, MOORE A, SCARUPA H J. School Readiness: Helping Communities Get Children Ready for School and Schools Ready for Children［J］. Child Trends, 2001(10): 121-123.

［7］ RIMM-KAUFMAN S E, PIANTA R C. An ecological perspective on the transition to kindergarten: A theoretical framework to guide empirical research ［J］. Journal of Applied Developmental Psychology, 2000(5): 491-511.

［8］ RIMM-KAUFMAN S E, PIANTA R C, COX M J. Teachers' judgments of problems in the transition to kindergarten［J］. Early Childhood Research Quarterly, 2000, 15(2): 147-166.

［9］ LEE V E, BROOKS-GUNN J, SCHNUR E, et al. Are Head Start effects sustained? A longitudinal follow-up comparison of disadvantaged children attending Head Start, no preschool, and other preschool programs. ［J］. Child Development, 1991, 61(2): 495-507.

中文网络文献

［1］ 窦桂梅：强化小学衔接主体意识，科学做好儿童入学适应［EB/OL］. ［2023-07-28］. http://jyj. qz. gov. cn/art/2021/4/12/art_1229200024_2268230. html.

［2］ 教育部. 教育部关于大力推进幼儿园与小学科学衔接的指导意见［EB/OL］. ［2023-07-28］. http://www. moe. gov. cn/srcsite/A06/s3327/202104/t20210408_525137. html.

［3］ 教育部. 教育部关于印发《3—6 岁儿童学习与发展指南》的通知［EB/OL］. ［2023-06-20］. http://www. moe. gov. cn/srcsite/A06/s3327/201210/t20121009_143254. html.

［4］ 教育部. 教育部关于印发义务教育课程方案和课程标准（2022 年版）

的通知[EB/OL].[2023-06-20]. http://www.moe.gov.cn/srcsite/A26/s8001/202204/t20220420_619921.html.

[5] 教育部. 小学教师专业标准[EB/OL].(2012-09-13)[2023-07-15]. http://www.moe.go-v.cn/srcsite/A10/s6991/201209/t20120913_145603.html.

[6] 教育部. 小学入学适应教育指导要点[EB/OL].[2023-08-20]. http://www.moe.gov.cn/srcsite/A06/s3327/202104/t20210408_525137.html.

[7] 青岛市教育局.《半月谈》点赞！青岛城幼小衔接在行动[EB/OL].[2023-06-18]. https://mp.weixin.qq.com/s/FB2M0t1NUFTDN1n98ZLnBQ.

[8] 青岛市青峰路幼儿园. 家园校面对面，共话科学衔接：幼小衔接家长专题讲座活动[EB/OL].[2023-06-18]. https://mp.weixin.qq.com/s/KFacpOveuCmqvjIkDdSYLQ.

[9] 邢台居民人均可支配收入（元/人）[EB/OL].[2023-07-28]. https://wap.ceidata.cei.cn/detail? id=1uqFjCG7CrY%3D.

[10] 中共中央，国务院. 中共中央 国务院印发《关于全面加强新时代大中小学劳动教育的意见》[EB/OL].[2023-07-28]. http://www.moe.gov.cn/jyb_xxgk/moe_1777/moe_1778/202003/t20200326_435127.html.

[11] 中共中央办公厅，国务院办公厅. 中共中央办公厅 国务院办公厅印发《关于进一步减轻义务教育阶段学生作业负担和校外培训负担的意见》[EB/OL].[2023-06-15]. http://www.moe.gov.cn/jyb_xxgk/moe_1777/moe_1778/202107/t20210724_546576.html.

英文网络文献

[1] Head Start Early Childhood Learning& Knowledge Center. Head Start Fact Sheets [EB/OL].[2023-05-12]. https://www.naeyc.org/our-work/public-policy-advocacy/head-start.

[2] Starting Strong [EB/OL].[2023-05-30]. https://data.oecd.org/searchresults/? hf=20&b=0&r=%2Bf%2Ftopics_en%2Feducation&q=Starting+Strong&l=en&s=score.

附录一　幼小衔接视角下大班幼儿社会适应能力调查教师访谈提纲

访谈对象的基本信息：

年龄：　　　　　　　　　　　　　　性别：

职务：　　　　　　　　　　　　　　学历：

访谈内容：

1. 您从事幼儿教育事业多久了？组织社会领域活动多久了？

2. 幼儿社会适应能力培养重要吗？为什么？您认为谁应该主导对幼儿社会适应能力发展？（幼儿园还是家庭？）

3. 在平时的教育活动中您会有意识培养幼儿的社会适应能力吗？如果有，您是如何做的？如果没有，您觉得可以做哪些改进？

4. 针对幼儿出现的社会适应能力问题，您是否与其他教师进行过讨论？幼儿园有没有开展过幼儿社会适应力方面的主题教研？如果有的话，您觉得效果如何？对您的实际教学活动有帮助吗？

5. 针对幼儿出现的社会适应能力问题，您会与幼儿家长进行沟通吗？如果有，您觉得家长能理解并接受您的建议吗？家长是否采取了教育措施？幼儿的情况有无变化？

6. 从有效幼小衔接的角度您认为现在的社会适应性教学活动能帮助幼儿适应小学生活吗？您觉得可以做哪些改进？

7. 您有做社会适应性方面的课程研究吗？幼儿园是否组织过大班教师与小学1年级教师开展双向教研？

附录二　幼小衔接视角下大班幼儿数学能力水平调研教师访谈提纲

访谈对象的基本信息：

年龄：　　　　　　　　　　　　　　　　性别：

职务：　　　　　　　　　　　　　　　　学历：

访谈内容：

1. 您从事幼儿教育事业多长时间了？何时开始担任数学活动教师？

2. 您认为幼儿通过数学活动能获得哪些方面的发展呢？

3. 您在组织数学活动时是否严格按照教案中的教学目标来进行？认知与技能、过程与方法、情感态度与价值观这3方面您认为哪个更重要？

4. 您认为教案的设计适合现在孩子们的发展水平吗？如果不适应，主要表现在哪些方面呢？您觉得可以做哪些改进？

5. 您和家长沟通过孩子的数学问题吗？家长是否会与老师一起参与孩子的数学学习评估？如果有沟通，主要通过什么方式呢？

6. 您经常使用什么教学组织方式（集体、分组、个人）开展数学活动？经常使用什么教学方法？经常使用数学游戏吗？

7. 您认为本园现在的数学教学效果怎么样？您有什么意见和建议吗？

8. 您做过有关幼儿数学能力提升方面的课程研究吗？幼儿园是否组织过大班教师与小学1年级教师开展双向教研？

附录三　大班幼儿注意力提升行动研究教师访谈提纲

访谈对象的基本信息：

年龄：　　　　　　　　　　　　　　　　性别：

职务：　　　　　　　　　　　　　　　　学历：

访谈内容：

1. 您认为本班幼儿注意力的普遍水平如何？日常教学中您关注幼儿注意力的发展吗？通过哪些途径/方法观察或判断幼儿的注意力水平呢？

2. 您认为幼儿注意力集中的表现有哪些？

3. 您认为幼儿注意力分散的表现有哪些？

4. 您尝试过制订专门的活动计划来提高幼儿的注意力水平吗？如果有的话，可以详细说明一下吗？如果没有，为什么呢？

5. 您认为幼儿注意力不集中会对他/她的发展有什么影响？

6. 针对幼儿出现的注意力分散的行为您通常采用哪些解决办法？

7. 您认为还有哪些方法可以提高幼儿的注意力水平？

8. 您对于本次提升幼儿注意力的行动研究有哪些建议？

附录四　大班幼儿注意力提升行动研究家长访谈提纲

访谈对象的基本信息：

年龄：　　　　　　　　　　　　性别：

职务：　　　　　　　　　　　　学历：

访谈内容：

1. 您认为您孩子平时的注意力水平如何？您在平时的生活中关注幼儿注意力的发展吗？

2. 您认为孩子注意力集中的表现有哪些？

3. 您认为孩子注意力分散的表现有哪些？

4. 在平时生活中您会有计划地去提高幼儿的注意力水平吗？如果有的话，可以详细说明一下吗？如果没有，为什么呢？您觉得自己有能力帮助孩子提高他/她的注意力水平吗？

5. 您认为孩子注意力不集中会对他/她的发展有什么影响？

6. 当孩子出现注意力不集中的情况时，您通常采用哪些解决方法？

7. 您认为谁对孩子注意力的发展影响更大，是家长还是教师？为什么？

附录五　幼儿园入学准备
家长调查问卷（不含基本信息问题）

1. 您认为幼儿园入学准备的 4 个准备中哪个最重要？

（1）身心准备（2）生活准备（3）社会准备（4）学习准备

2. 在幼小衔接家长工作方面，您希望获得哪些方面的支持？

（1）科学的幼小衔接内容及方法

（2）科学开展幼小衔接活动的指导手册

（3）幼儿园教师的针对性指导

（4）家长之间成功经验的交流

3. 为了帮助孩子适应小学生活，您为孩子幼小衔接做了哪些准备？

（1）阅读相关书籍

（2）听相关教育讲座

（3）规范孩子作息时间

（4）和孩子讨论入学问题

（5）带孩子跑步、跳绳，做不同的运动

（6）教孩子正确的坐姿和握笔姿势

（7）配合老师完成相关的小任务

（8）其他

4. 就幼小衔接来说，您觉得什么是最需要培养的？［多选题］

（1）唱歌、跳舞、绘画

（2）写字、识字、做算术题

（3）学习能力、学习兴趣、生活能力

（4）社会交往技能

（5）习惯养成

（6）情绪管理、心理调适、规范意识、责任和任务意识

（7）其他

5. 目前您孩子的哪些表现会让您担心孩子在进入小学后出现不适应的情况？[多选题]

（1）不知道如何结交新朋友

（2）早上起不来

（3）听不懂老师说的话，胆小，不爱发言

（4）动作慢，常遗忘物品

（5）学习能力及知识储备不够

（6）其他

6. 目前孩子对小学学习方式是否了解？

（1）比较了解

（2）略微了解

（3）不了解

7. 你认为幼儿园的活动安排应该是怎样的？

（1）以游戏为主，让孩子们在游戏中获得各项能力的提升

（2）适当游戏，以集体教学活动为主，养成良好的习惯

（3）多学习一些知识

8. 你认为怎么做才能让孩子适应小学生活？[多选题]

（1）家长利用空余时间给孩子讲一些关于小学的情况

（2）提前让孩子学习小学课程

（3）幼儿园与小学对接，开展幼小衔接工作，让孩子从心理、习惯等方面逐步适应小学

（4）不需要做什么，顺其自然就好

9. 你希望幼儿园采取哪些方式开展面向家长的幼小衔接活动？[多选题]

（1）专家讲座

（2）宣传资料

（3）家长沙龙

（4）家长开放日

（5）其他

附录六　小学1年级新生入学适应情况调查问卷（不含基本信息问题）

1. 您的孩子向往小学生活，喜欢上学。

○完全做到

○较多做到

○一般

○较少做到

○完全做不到

2. 您的孩子积极参加学校和班级的活动。

○完全做到

○较多做到

○一般

○较少做到

○完全做不到

3. 您的孩子遇到困难总是第一时间请求成人帮助。

○非常符合

○符合

○一般

○不太符合

○非常不符合

4. 您的孩子喜欢运动，有体育锻炼的习惯（如经常参加某种体育活动）。

○非常符合

○符合

○一般

○不太符合

○非常不符合

5. 您的孩子作息规律，能够早睡早起。

○完全做到

○较多做到

○一般

○较少做到

○完全做不到

6. 您的孩子生活自理能力很强（如可以自己穿衣服、系鞋带、吃饭等）。

○完全做到

○较多做到

○一般

○较少做到

○完全做不到

7. 您的孩子能够根据学校课程安排收拾学习用品。

○完全做到

○较多做到

○一般

○较少做到

○完全做不到

8. 您的孩子有很强的安全意识（如能够安全过马路、有防拐骗意识、不追跑打闹等）。

○完全做到

○较多做到

○一般

○较少做到

○完全做不到

9. 您的孩子会力所能及地做家务。

○完全做到

○较多做到

○一般

○较少做到

○完全做不到

10. 您的孩子回家后经常说起学校发生的趣事。

○非常符合

○符合

○一般

○不太符合

○非常不符合

11. 您认为孩子的人际交往能力很强。

○非常符合

○符合

○一般

○不太符合

○非常不符合

12. 您的孩子严格遵守学校和班级纪律。

○非常符合

○符合

○一般

○不太符合

○非常不符合

13. 您非常重视孩子良好品格的培养（如帮助他人、有集体荣誉感、热爱祖国等）。

○完全做到

○较多做到

○一般

○较少做到

○完全做不到

14. 您非常重视孩子良好学习习惯的培养（如自主阅读、做事有条理等）。

○完全做到

○较多做到

○一般

○较少做到

○完全做不到

15. 您经常带孩子去图书馆、博物馆、科技馆、植物园。

○完全做到

○较多做到

○一般

○较少做到

○完全做不到

16. 您觉得孩子对学习感兴趣。

○非常符合

○符合

○一般

○不太符合

○非常不符合

17. 您经常辅导孩子学习。

○完全做到

○较多做到

○一般

○较少做到

○完全做不到

18. 您的孩子目前至少有两个课外辅导班（包括乐器、体育项目、棋类、学科学习等）。

○符合

○只参加了一个辅导班

○没有参加任何辅导班

19. 您认为自己的家里有浓厚的阅读或学习氛围（如有一定藏书、家人有阅读习惯等）。

○非常符合

○符合

○一般

○不太符合

○非常不符合

20. 您对孩子能否适应小学生活感到焦虑。

○非常符合

○符合

○一般

○不太符合

○非常不符合

21. 请选出您认为对孩子适应小学生活最重要的 5 项。[多选题]

○身体健康

○社交能力

○良好的作息

○生活自理能力

○语言表达能力

○学习兴趣

○学习习惯

○学习能力

○安全意识

○家庭氛围

○家长帮助

22. 本学期开学以来，学校提供过哪些可以提高孩子入学适应水平的服务？[多选题]

○给我发放入学适应的相关资料（纸质版或电子版都可以）

○组织我参加入学适应的相关家长会
○老师单独与我面对面沟通过孩子的问题
○老师与我线上沟通过孩子的问题（通过微信、QQ、电话等）
○老师组织我观看过入学适应的相关讲座
○其他

23. 您愿意抽出时间参加学校组织的提高孩子入学适应水平的活动。
○非常愿意
○愿意
○一般
○不愿意